메이겐(名言) 독해 일본어

2

조남성 · 김의영 · 田中祐輔 · 飯塚知子 · 川端祐一郎 공저

다락원

머리말

이 교재는 한국의 일본어 교육현장의 일본어교육 전문가와 일본의 일본어교육 연구자, 일본어 학습자 등 한일 양국의 일본어 교육관련자들이 힘을 모아 제작하였으며, 중급에서 상급레벨로 스텝 업을 하려는 학습자를 대상으로 합니다.

다양한 주제의 독해 활동을 통해 「비판적으로 읽는 능력」「일본사정, 일본인의 마음과 생각을 접하고 이해하는 능력」「학습자가 자신의 언어와 문화를 재인식하고, 발신하는 능력」을 양성하는 것을 목적으로 합니다. 여기서 「비판적으로 읽는 능력」은 자기 나름의 관점으로 타인의 생각을 이해하고 자신의 생각을 형성하여 그 생각을 타인에게 전하는 능력을 말하며, 현재 독해 교육에서 그 필요성이 크게 주목받고 있습니다.

이러한 독해 교육을 실현하기 위해 선행연구조사, 일본 국어교과서 조사, 학습자대상 앙케이트 조사를 실시, 그 결과를 반영한 교재를 제작하게 되었습니다.

이 교재의 특징은 다음과 같습니다.

1. 「명언」이라는 이제까지 없었던 새로운 주제의 독해 교재입니다. 일본의 학자, 스포츠 선수, 경영자, 문학작품, 드라마, 만화 · 애니메이션, 영화, 음악, 역사 등에 나오는 「명언」과 그에 대한 해설을 독해문으로 구성하였습니다. 「명언」에는 선인들의 인생관이나 철학 · 사상이 응축되어 있어, 읽는 사람에게 감동과 공감을 주며 사고하게 하는 요소를 포함하고 있습니다. 또한 「명언」은 그 시대의 사회 · 문화 배경이 잘 나타나 있으므로, 명언을 통해서 타인의 인생과 그들의 문화를 접할 수 있고, 그것과 비교해 자신의 문화를 돌아보고 재인식하는 활동을 가능하게 합니다. 중 · 고급의 자칫 어려워 보이는 긴 독해문을 일본어 학습이라는 관점만이 아니라, 즐거운 독서의 기분으로 재미와 감동을 느끼면서 독해 능력까지 향상시킬 수 있도록 엮었습니다.

2. 목적 의식을 부여하고, 또한 자신의 경험과 생각에 비추어 가며 독해 활동을 하기 위해, 「ウォームアップ」「読む前に」「タスク」와 같은 항목을 설정했습니다. 이러한 활동을 반복함으로써, 앞으로의 독해활동에 있어서도 학습자 자신이 주체적으로 목적을 갖고 독해를 할 수 있으며, 일상의 독해에 있어서도 이러한 사고능력이 가능하게 됩니다.

3. 여러 장르의 명언으로 다양한 직업과 세대의 일본인이 해설문을 집필하여 학습자에게 다양한 문장을 제공하고 있습니다. 책이나 신문, 잡지 등에서 발췌 모집한 글이 아니라, 「명언」에 공감한 일본인이 집필한 순수한 창작물이라는 점에서 읽는 이로 하여금 공감을 느끼게 하며 독해를 즐길 수 있게 합니다.

4. 「語彙・表現ボックス」「語彙・表現を深める」「重要文法」등의 항목을 통해 일본어능력시험 1·2급에 해당하는 어휘와 문법 학습에도 힘을 기울였습니다.

이상의 구성과 특징을 가진 이 교재는 학습자의 독해활동 및 교실활동을 지원할 것으로 기대됩니다. 또한, 학습자 여러분이 이 교재를 통해서 일본의 멋진 명언을 만나고 일본사정에 대해서 깊이 이해하며 일본어능력을 향상시켜 나가길 진심으로 바랍니다.

끝으로, 이 책의 제작에는 많은 분들의 도움이 있었습니다. 이 자리를 빌어 마음 가득한 감사를 드리고 싶습니다. 그리고, 책의 편집과 출판에 노고를 아끼지 않은 출판사 다락원과 일본어 출판부 김은경 과장님께도 깊은 감사를 드립니다.

著者一同

이 책의 사용법과 구성

1. 이 교재는 중급에서 상급레벨로 스텝 업을 하려는 학습자의 독해력 양성을 위해 제작된 교재입니다.

2. 이 교재는 명언을 해설한 800~1200자의 본문을 중심으로 구성되어 있으며, 「비판적으로 읽는 능력」을 기를 수 있도록 편찬하였습니다.

3. 이 교재는 전체 18과로 문학, 스포츠, 영화, 음악, 역사, 만화 · 애니메이션, 경영자, 학자 등의 장르로 구성되어 있습니다.

4. 전체 과는 비슷한 난이도로 편찬되어 1과부터 순서대로 학습해도 좋으며, 상황에 따라 필요한 과를 선택해서 학습해도 무방합니다.

5. 이 교재는 교실에서의 독해 수업을 위해 제작한 교재이면서, 독학용으로도 사용 가능하도록 편찬하였습니다.

각 과의 구성은 다음과 같습니다.

❶ タイトル

과의 테마로, 본문에 쓰여 있는 내용을 가장 짧은 말로 제시하고 있습니다.

❻

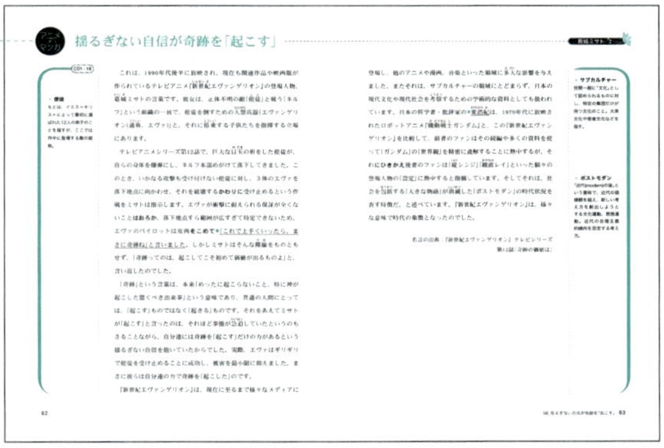
揺るぎない自信が奇跡を「起こす」

❷ 名言

일본 유명인들의 명언입니다. 음독하며 음미해 봅시다.

❸ 名言の簡単な説明

명언의 의미를 간단한 일본어로 설명하여 이해를 도왔습니다. 명언 해석시 참고합시다.

❹ ウォームアップ

앞으로 읽을 본문과 관련된 화제를 제시하고 있습니다. 자신이 가지고 있는 지식을 활성화시켜 독해 준비를 합시다.

❺ 読む前に

어떤 점에 주목하여 본문을 읽어야 하는지 제시되어 있습니다. 질문에 주의를 기울이며 본문을 읽어 갑시다.

❻ 本文

명언의 의미, 시대 배경, 명언을 남긴 인물의 삶과 가치관 등이 쓰여 있는 문장입니다.
명언의 표면적인 의미뿐만이 아니라, 그 배경까지 포함해서 깊이 이해해 봅시다.
전문적이고 특수한 의미를 가진 단어에는 본문 옆에 주를 달았습니다. 이해하는데 참고합시다.

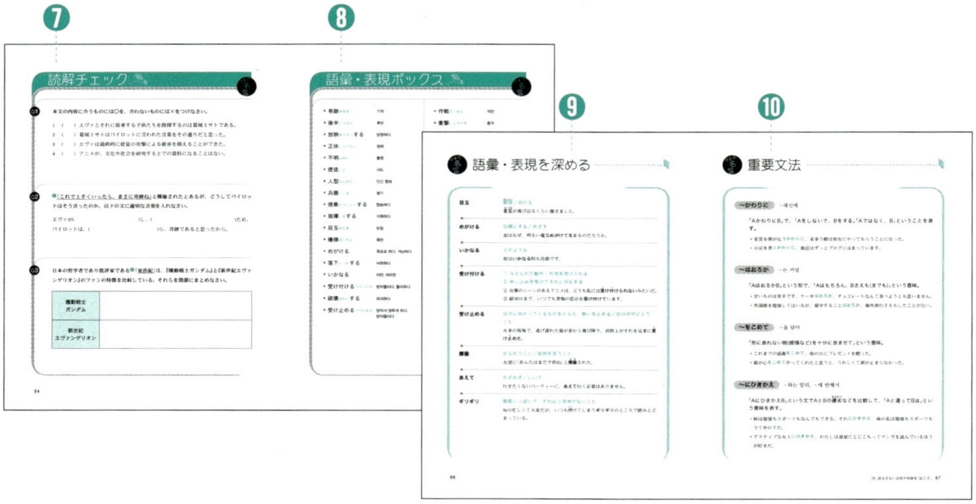

❼ 読解チェック

본문의 내용을 묻는 선택식 · 기술식의 문제가 제시되어 있습니다.
본문을 어느 정도 이해했는지 확인해 봅시다.

❽ 語彙・表現ボックス

본문에 사용된 일본어능력시험 1급 상당의 어구와 한국어 의미가 제시되어 있습니다.
모르는 어구의 의미를 확인합시다.

❾ 語彙・表現を深める

본문에 사용된 어휘 · 표현 중에서 일본어능력시험 1급에 해당하는 중요 어구가
일일사전(日日辞典) 형식으로 실려 있습니다.
의미와 예문을 확인하여 정확하게 익힙시다.

❿ 重要文法

본문에 나오는 문법 항목 중에서, 일본어능력시험 1, 2급에 해당하는 중요문법을 각 과마다 4개씩 실었습니다.
설명과 예문을 통해서 정확하게 이해합시다.

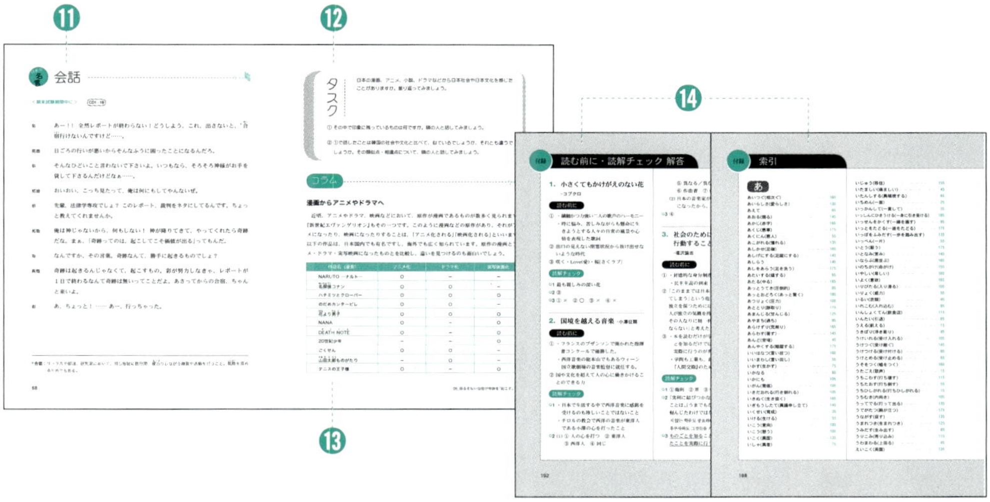

⑪ 会話

명언이 실제 회화에서 어떻게 사용되며, 어떠한 화제로서 제시되는지에 대해 구체적으로 표현되어 있습니다. 상대와 역할을 나누어 실제로 연기해 보면서 명언을 좀 더 친밀하게 느껴 봅시다.

⑫ タスク

명언과 본문의 내용으로부터 발전된 과제를 제시하여, 그것에 대해 생각한 것을 다른 사람에게 전하는 활동을 합니다. 각 과에서 학습한 내용을 자신의 경험과 관련지어 생각함으로서 사고력과 어학능력을 향상시킵시다.

⑬ コラム

명언과 본문에 관련된 일본 사정이 소개되어 있습니다. 어학학습과는 다른 각도에서 일본문화를 접해보고, 관심을 넓혀 봅시다.

⑭ 付録

'읽기 전에' 답과 독해체크 정답, 단어색인을 실었습니다.

CD의 구성

명언과 본문, 회화 내용이 생생한 네이티브 음성으로 담겨 있습니다.

CD1 : 1~9과 _ 명언과 본문, 회화

CD2 : 10~18과 _ 명언과 본문, 회화

목차

ウォームアップ

名言を読んでみましょう。日本の歌の歌詞の一節です。この歌を知っていますか。この一節からどんなメッセージが感じられますか。韓国にもこのような歌がありますか。グループで話し合いましょう。

読む前に

① コブクロはどのような点で幅広い年齢層から支持されているのでしょうか。二つ探しましょう。

(　　　　　　　　　　　　　　　)　(　　　　　　　　　　　　　　　)

② 『桜』はどのような時代に生きる人々にメッセージを送っていますか。

③ 「咲くLove」には、三つの言葉が込められています。発音をヒントに、三つを挙げなさい。

音楽

小さくてもかけがえのない花

名もない花には名前を付けましょう
この世に一つしかない
冬の寒さに打ちひしがれないように
誰かの声でまた起き上がれるように

－コブクロ『桜』より－

コブクロ
男性2人組の日本人フォークミュージシャン。2001年にデビューした。

01

音楽

小さくてもかけがえのない花

CD1・03

古い時代の文献で「花」といえば桜を指すのが普通であるというように、桜は日本人にとって最も親しみの深い花である。昔からたくさんの日本人が、この花に様々な想いを託してきた。近年でも、2003年に森山直太朗（もりやまなおたろう）の『さくら』がヒットして以降、桜を主題にした歌が数多く作られた。2006年にシングルCDとして発売されたコブクロの『桜』も、こうした流行のうちの一つとして位置づけられることがあるが、この曲の誕生の経緯は1998年にまで遡る。

コブクロは、ボーカルの黒田俊介（くろだしゅんすけ）とギター・コーラスの小渕健太郎（こぶちけんたろう）の二人からなる男性デュオである。繊細（せんさい）かつ力強い二人の歌声のハーモニーと、時に悩み、苦しみながらも懸命に生きようとする人々の日常の風景や心情を表現した歌詞に定評（ていひょう）があり、幅広い年齢層から支持されている。

大阪の路上でそれぞれアマチュアの音楽活動をしていた二人が、あるとき偶然知り合ったこと**をきっかけに**、やがて一緒に歌うようになった。その彼らが初めて作った曲が『桜』である。歌詞の大意（たいい）はこうだ。誰もが心の中に一輪の花を持っている。それは実をつけない花かもしれない、蕾（つぼみ）のまま散ってしまう花かもしれない。たとえそうであったとしても、その花はかけがえのないもの、「君の中に咲くLove」なのだ。

バブル経済の崩壊後、「失われた十年」と表現される1990年代から今日に至るまで、日本社会は出口の見えない閉塞（へいそく）状況から抜け出せずにいる。どんな価値を信じて生きればよいのか、何のために働くのか——正解が与えられない社会の中で、人々は明日への希望に飢えている。未だ訪れぬ春を夢見て、厳しい冬の寒さに耐える名もない桜の花たちに、人々は自らの姿を重ね合わせる。コブクロの

- **森山直太朗の『さくら』**
  歌手・森山の代表曲で、ミリオンセラーを記録した。春の別れを象徴する曲。

- **シングルCD**
  音楽を一曲ごとに収録、販売されるCD。ただし、カップリングといって他の曲が同時収録されている場合も多い。

- **バブル経済**
  資産の価格が投機によって大きく上昇し、さらなる投機を呼ぶという循環が起こっている状態の経済。日本では、1980年代後半から90年代にかけた不動産バブルが代表的。

『桜』には、そんな人々へのエールが込められている。今は小さくて無力な存在**にすぎなくて**も、苦しい冬を耐え**抜いた**後、誰かが名前を呼んでくれることで起き上がることができるかもしれない。また、生きる希望は誰かから与えてもらうだけのものではなく、自分が他人に与えることだってできる。その小さな希望が、新たな「咲くLove」につながってゆくのだ。

名言の出典：コブクロ『桜』2005年11月2日発売

失われた10年
バブル経済が崩壊した1991年頃から2002年頃までの約10年の期間を指す言葉。

読解チェック

日本の名言

Q1 日本人にとって、「桜」とはどのような花であるか。本文中から10字以内で抜き出して答えなさい。

Q2 コブクロの『桜』の歌詞の大意として、適当なものを一つ選びなさい。

1 誰もが心の中に持っている一輪の花は、花を開かせてはじめてかけがえのないものとなる。
2 誰もが心の中に一輪の花を持っているが、その花は自分にしか意味がないものである。
3 誰もが心の中に一輪の花を持っているが、たとえどうなっても、その花は大切なものである。
4 誰もが心の中に持っている一輪の花に気が付かなければ、その花は枯れてしまうだけである。

Q3 本文中に書かれているバブル経済の崩壊後の人々の心情として、当てはまるものには○、当てはまらないものには×をつけなさい。

1 （　　）特に他の人からのエールを必要としていない。
2 （　　）先の見えない閉塞状態の中にいる。
3 （　　）自分を見失っている。
4 （　　）明日への希望に満ちている。

語彙・表現ボックス

日本の名言

- かけがえのない　다른 것과 바꿀 수 없는
- 打うちひしがれる　의기소침해지다
- 起き上がるおきあがる　일어서다, 일어나다
- 親したしみ　친밀감, 친근감
- 託たくす　맡기다
- 近年きんねん　근년, 최근 몇 년
- 主題しゅだい　주제
- 遡さかのぼる　거슬러 올라가다
- 繊細せんさい　섬세함
- 歌声うたごえ　노랫소리
- 心情しんじょう　심정
- 歌詞かし　가사
- 定評ていひょう　정평
- 幅広はばひろい　폭 넓다
- 支持しじする　지지하다
- 路上ろじょう　노상, 길거리
- 大意たいい　대의, 대강의 뜻
- 実みをつける　열매를 맺다
- 蕾つぼみ　꽃봉오리
- 崩壊ほうかい　붕괴
- 閉塞へいそく　폐색, 폐쇄
- 抜け出すぬけだす　벗어나다, 빠져나오다
- 正解せいかい　정답
- 飢うえる　굶주리다
- 訪おとずれる　방문하다, 찾아오다
- 耐たえる　견디다, 참다
- 重ね合わせるかさねあわせる　포개어 맞추다, 서로 겹쳐지게 하다
- エール　성원, 응원 (yell)
- 無力むりょく　무력함

日本の名言

語彙・表現を深める

かけがえのない　それが無くなった時、替えることができるものが無いこと
親にとって子供とは、何にも替えがたい、**かけがえのない**存在である。

打ちひしがれる　何かの強い衝撃などを受けて、やる気や意欲をなくしてしまう
１年以上想いを寄せていた女性に振られ、彼はしばらくの間、**打**(う)**ちひしがれて**いた。

起き上がる　横になっていた状態から身を起こす
大学受験に失敗ししばらく気持ちが沈んでいたが、恩師(おんし)に励まされようやく**起**(お)**き上**(あ)**がる**ことができた。

託す　他の人に頼んでまかせる・あずける
日頃の感謝の気持ちを手紙と花に**託**(たく)**して**、両親に贈った。

遡る　物事の過去や原因となる事柄にもどる／水の流れに逆らって進む
歴史を**遡**(さかのぼ)**って**みると、世の中の流行は繰り返していることがわかる。

実をつける　植物に実がなる
「桃栗(ももくり)３年柿(かき)８年」とは、種をまいてから**実**(み)**をつける**までの期間で、それを待ち遠しく思う言葉だといわれている。

重ね合わせる　あるものに、別のものを乗せる
同じ大きさに切れているかどうか、両方の紙を**重**(かさ)**ね合**(あ)**わせて**、全て確認してください。

日本の名言

重要文法

～よう／～ように　～하도록

「Aよう(に)B」で、Aには望ましい状況・状態を述べ、Bにはその手段や動作が置かれる。

- 個人情報が漏れないよう、厳重に管理してください。
- おばあちゃんは転ばないようにゆっくりと階段を下りた。

～をきっかけに　～을 계기로

「～が物事を始める機会や動機になって」という意味の表現。

- 学園祭の委員会での出会いをきっかけに、二人は付き合うようになった。
- 健康診断をきっかけに父はウォーキングを始めた。

～にすぎない　～에 불과하다

「～以上のものではない／単なる～だ」という意味。

- 彼女にとって彼氏の存在は、単なるお財布代わりにすぎない。
- 祖母の物忘れは、その後の苦労の始まりにすぎなかった。

～抜く　끝까지 ～하다

「V抜く」で、Vにあたる動作を最後まで貫くこと。

- 悩み抜(ぬ)いた末に、彼女は今の職場を辞めることにした。
- すぐ諦めるのではなく、答えが見つかるまで考え抜く、その姿勢が必要だ。

会話

＜休憩時間に＞ CD1・04

拓哉　実のならない花も～ つぼみのまま散る花も～（気分よく鼻歌を歌っている）

ジウ　何歌ってるの？ 誰の歌？

拓哉　コブクロだよ。コブクロの歌ってメロディーがいいだけじゃなくて、歌詞もいいんだ。

ジウ　へぇ、そうなんだ。ちょっと歌ってみて。

拓哉　「名もない花には名前を付けましょう　この世に一つしかない　冬の寒さに打ちひしがれないように　誰かの声でまた起き上がれるように～♪」、どう？

ジウ　うん。確かに、歌詞はすごくいいね。失敗して落ち込んでいたり、裏切られたりしたときにこの曲を聴いたら、自分のことをまた認めることができると思う。メロディーの方もちゃんと聴いてみたいな。今のじゃよくわからなかったから……。

拓哉　……それって、俺が音痴だっていう意味か？！

タスク

これまでの人生の中で、歌の歌詞から励まされたことがありますか。その歌詞と歌手についてまとめてクラスの中で発表し合い、その言葉のどこに力があるのか話し合ってみましょう。

コラム

アーティストと慈善(じぜん)事業・環境活動

CDの売り上げを、歌手の手元ではなく、困っている人のもとへ送る慈善事業や、環境保護を訴えるライブを開催したりすることが、音楽業界で行われています。

例えば、1995年に大阪府(おおさかふ)、兵庫県(ひょうごけん)で起きた阪神大震災(はんしんだいしんさい)のような災害への義援金(ぎえんきん)については、TOKIOやV6、Kinki Kidsなどが結成したJ-FRIENDSが日本では特に有名です。彼らは自分たちのグループで活動をするかたわら、特別に結成されたJ-FRIENDSではチャリティーソングを歌い、その売り上げを寄付しているのです。そういった曲には被害者を励ますメッセージがしっかりと込められており、お金として寄付を受け取るだけでなく、人々に生きる希望や勇気をも与えてくれるものとなっています。

小林武史(こばやしたけし)やMr.Childrenの桜井和寿(さくらいかずとし)を中心に結成されたバンドBank Bandは、ap bankという環境保護や自然エネルギー促進事業の資金を得るために活動を行っています。そこには、コブクロをはじめ、多くのアーティストたちが参加しています。

ウォームアップ

国境や文化の違いを超えて、世界の人々が共通に理解したり、感動したりするものにはどのようなものがあるでしょうか。そして、その理由も考え、話し合ってみましょう。

読む前に

① 小澤の活躍の中で代表的なものを二つ探しましょう。

② 音楽にはどんな力がありますか。

小澤征爾（おざわせいじ）（1935〜）

指揮者。各地の交響楽団の音楽監督を務め、現在、ウィーン国立歌劇場の音楽監督を務めている。

音楽

国境を越える音楽

技術の上手下手ではない。その心が人をうつのだ。

02

音楽

国境を越える音楽

CD1・06

1959年、フランスのブザンソンで開かれた指揮者コンクールで優勝したあと、小澤征爾はチロル地方の山村にスキー旅行に出かけている。この言葉は、その旅行の折に村の教会でヘンデルのミサ曲を聴いたときの言葉である。素人である村人の演奏は、技術的にはつたないものであっただろうが、それ**にもかかわらず**彼の心をうつ音楽であったようだ。神に感謝を捧げる村人たちの厚い信仰心が、ヘンデルの曲を介して小澤の心に伝わったということであろう。

小澤征爾は国際的に活躍する指揮者である。今でこそ海外で活躍する日本の音楽家は数多くなったが、50年代に日本から欧米の音楽界に飛び出す人はまだ少なく、彼はその先駆けであったといっていい。

東洋の音楽家が西洋の音楽に取り組むことの意義は何なのか。これは日本の西洋音楽家たちにとって大きな問題である。ましてや、それを本場である西欧でやるということの意味について、小澤はいろいろ考えをめぐらせた**に違いない**。とりわけ西洋音楽の総本山でもあるウィーン国立歌劇場の音楽監督に就任する**にあたって**、この思いは強かったのではなかろうか。このことについての彼自身の発言は、「自分自身が実験台なのだ」「音楽に国境はない」などさまざまである。

「その心が人をうつのだ」は彼が24歳のときの言葉である。人の心は決してユニバーサルなものではなく、固有の風土・文化を強く反映したものだ。しかし、我々が日本で生活する中で、西洋音楽に感銘を受けるのが珍しくないこと**はもちろん**、チロルの教会で西洋の音楽が東洋人である小澤の心を打ったことも事実なのだ。❶音楽には、国や文化を超えて人の心に働きかけることのできる力があるのではないだろうか。

ところで、「技術の上手下手ではない。その心が人をうつのだ」という言葉は、音楽あるいは芸術について一面の真実を述べているには違いないが、その背後には大きな問いが存在することを踏まえて読まなくてはいけない。音楽は人の心を打つ。しかしそのとき働きかけられる心は、東洋人と西洋人とで同じ作用を受けているのだろうか。それは同じでなければならないのか、異なっていてもいいのだろうか。異なっているとすると、どこがどう違うのか。作曲者の伝えたかったものが伝わっていないことになりはしないのか。

日本の音楽家が海外で活躍するようになった現在、❷その答えは自明であるといってもいいのかもしれないが、指揮者としての晩年を迎えつつある今、小澤はこの若かりし日に残した言葉をどのように考えるのであろうか、問うてみたい。

名言の出典：小澤征爾『ボクの音楽武者修行』新潮文庫

読解チェック

日本の名言

Q1

❶「<u>音楽には、国や文化を超えて人の心に働きかけることのできる力がある</u>」とあるが、その根拠と考えられる具体例を二つ挙げなさい。

・ ______________________________

・ ______________________________

Q2

❷「<u>その答えは自明である</u>」ということについて、以下の問いに答えなさい。

(1)「その答え」を尋ねる問いがいくつかある。それらについて、以下の空欄(くうらん)に語句を入れ、文を完成させなさい。

・ 音楽が(❶　　　　　　　)とき、(❷　　　　　)と(❸　　　　　)が心に受ける作用は同じだろうか。

・ 心に受ける作用は(❷　　　　　　　)と(❸　　　　　)とで(❹　　　　　)ものであるべきか、それとも(❺　　　　　　　)ものでもいいのだろうか。後者の場合、どこがどう(❺　　　　　　　)のか。

・ 違いが生じることで、(❻　　　　　　　　　)が曲に込めた考えが(❼　　　　　)いないことにならないのだろうか。

(2)「その答えは自明である」と筆者が考える理由を答えなさい。

Q3

本文の内容に合致しないものを一つ選びなさい。

1　小澤は、海外のコンクールで優勝するなどし、国際的に活躍する指揮者である。

2　東洋人でありながら、西洋の音楽に携わった小澤は、自分がその先駆けとして試されているという自覚があった。

3　フランスの山村で聴いた音楽は、技術はプロ級ではないが、小澤のような音楽家の心にも十分響くものであった。

4　筆者は「技術の上手下手ではない。その心が人をうつのだ」という小澤の言葉は、音楽や芸術の一面の真実しか言い表していないと言っている。

語彙・表現ボックス

日本の名言

- ～折おり(に)　～때, 시기, 무렵
- 素人しろうと　비전문가, 아마추어
- 村人むらびと　마을 사람
- つたない　서투르다, 어리석다
- 捧ささげる　바치다, 높이 받들다
- 介かいする　사이에 두다, 마음에 두다
- 先駆さきがけ　선구(자)
- 取り組むとりくむ　몰두하다, 맞붙다
- ましてや　하물며, 더구나
- 本場ほんば　본고장, 본산지
- 西欧せいおう　서구
- とりわけ　특히, 그중에서도
- 総本山そうほんざん　총본산, 전체를 통괄하는 곳
- 思い悩むおもいなやむ　고민하다
- 固有こゆう　고유
- 風土ふうど　풍토
- 感銘かんめいを受うける　감명을 받다
- 働はたらきかける　작용하다, 손을 쓰다
- 一面いちめん　일면
- 真実しんじつ　진실
- 背後はいご　배후
- 踏ふまえる　근거로 삼다, 입각하다, 밟다
- 自明じめい　자명함, 명백함
- 晩年ばんねんを迎むかえる　만년(노후)을 맞이하다
- 若わかかりし　(나이가) 어린, 젊은

日本の名言

語彙・表現を深める

～折(に)

～をする／～したそのとき(に)

10年ぶりに地元へ帰省した**折に**、高校時代の恩師のもとを訪ねた。

つたない

下手だ／劣っている

彼のラブレターは**つたない**文章ではあったが、思いは彼女にしっかり伝わったようだ。

介する

～を間に置く

パソコンの調子がおかしいと思って調べてみたら、メールを**介して**ウイルスに感染していたことが分かった。

先駆け

他の誰よりも先になること／ものごとの初めとなること

ヒップホップ・ミュージックの**先駆け**ともいえるグループが惜しまれながらも解散した。

ましてや

なおさら。「Aまして(や)B」の形で、「Aなのだから、Bだって当然そうだ」ということを表す。(「や」は、意味を強める助詞)

土地を買って自分の家を建てることは、誰でもできることではありません。**ましてや**別荘を建てるなんて、お金に余裕があるからこそできるのです。

心を打つ

感動させる／強く感銘を与える(「心を打たれる」の形で用いることも多い)

結婚式のスピーチを頼まれ、なんとか**心を打つ**話はできないかと、毎晩考えている。

働きかける

相手にこちらの望むとおりに行動をさせるために、積極的に活動する

映画でも小説でも写真でも、人の心に**働きかける**作品を作ることはそう簡単ではない。

若かりし

年齢が若かった

母は**若かりし**頃の父との思い出話を私に聞かせてくれた。

日本の名言 重要文法

～にもかかわらず… ～에도 불구하고…

「～から予想されることとは反対に、…という結果になる」ということを表す表現。

- あの店の中華料理は美味しく、いつも混んでいるにもかかわらず、雑誌で紹介されたという話を聞かない。
- ９月の終わりにもかかわらず、まだ夏のような暑さが続いています。

～に違いない ～임에 틀림없다

「きっと～だと思う」という話し手の強い確信を述べる表現。

- 私の誕生日を前にして、子供たちがこそこそしている。何かをしようと考えているに違いないが、黙っておこう。
- 窓からこちらに手を振っている女性は、武田君のお姉さんに違いない。彼に目元が似ている。

～にあたって ～에 즈음하여, ～에 임하여

「～をするときに／～に際して」という意味。

- 難関大学を受験するにあたっては、それなりの準備が必要であることを覚えておいてください。
- 当サイトのご利用にあたって、下記の注意書を必ずお読み下さい。

～はもちろん(…も) ～는 물론

「～は当然のことである、言うまでもない」ということを意味する。

- 夜行列車に乗る前に、お酒はもちろん、おつまみやお菓子も買っておいた。
- 当店では海外旅行や国内旅行はもちろん、格安航空券も取り扱っております。

日本の名言

会話

<音楽番組を見終わって>　CD1・07

ジウ　そういえば、彩は楽器の演奏だったら何ができるの？

彩　小さい頃は、無理やりピアノを習わされてたんですけど、最近は三味線とか和太鼓とかにチャレンジしてます。

ジウ　私も小学校の頃はピアノを習ってたよ。でも、子供の頃って、それよりもっと別のことがしたいって思ってたなぁ。そう思わない？ だって、今は自分で三味線とか和太鼓に挑戦しているんだし。

彩　ほんと、今の方が数段楽しいです。日本の楽器をやりたくなったのは、テレビで、海外に行って日本の楽器を演奏している人を見たからなんです。

ジウ　そんなことしてる人がいるんだ。

彩　そうなんです。日本の楽器にそうそう触れることがない分、聞いている人たちはものすごく感動してました。なんかそういうのって憧れますね。

ジウ　じゃあ、彩もそうなればいいんじゃない？

彩　そ、そんな！ まだまだ下手ですよ。

ジウ　音楽で感動させるっていうのは、技術の上手か下手かじゃなくて、弾く人の心が相手の心をうつんだと思うよ。だから、やろうと思えばできるって！

彩　んー、いつかはそんなふうになりたいですね。

タスク

これまでに自分が聴いた音楽で感動した、あるいは好きな曲について、グループで紹介し合いましょう。自国の伝統的な音楽、西洋のクラシック音楽、近年のポップス等、ジャンルを問わず広く考えてみてください。まずは、その曲の特徴を挙げましょう。

① ジャンル

② 曲名

③ 曲調

④ 選んだ理由

⑤ どんな時に聴くか

グループのメンバーの紹介した曲の中で、聴いてみたいと思う曲はありましたか。また、「気分を高めたい時」「悲しい時」「幸せな時」など、具体的な状況における心境(しんきょう)に合う曲について、それぞれの意見を出し合いましょう。

ウォームアップ

名言を読んでみましょう。どんな意味なのか自由に考えてみましょう。韓国にも似たような名言がありますか。
隣の人と考えたことについて話しましょう。

読む前に

この名言が生まれた時代背景と福沢諭吉が訴えていることに注目して読んでみましょう。

① この言葉が生まれた背景には、どのような歴史的な出来事がありましたか。二つ探しましょう。
（　　　　　　　　　　　）（　　　　　　　　　　　）

② 福沢諭吉が『学問のすゝめ』を出版した理由は何でしょうか。

③ 福沢諭吉は「学問」はどうであるべきだと考えていましたか。キーセンテンスを二つ探しましょう。

福沢諭吉（1834~1901）
日本の武士、思想家、教育者、慶應義塾創設者として、明治の六大教育家に数えられる。

03

学者

社会のために学び、そして行動することのすすめ

天は人の上に人を造らず人の下に人を造らず

説明
人間はみな、互いに平等で上下の区別のないものとして創造された。

学者 社会のために学び、そして行動することのすすめ

CD1・09

福沢諭吉(ふくざわゆきち)は、オランダ語や英語を学んで外国の書物を研究し、また実際にアメリカやヨーロッパに渡航(とこう)して、西洋の技術と文化を日本に紹介した、明治(めいじ)時代を代表する思想家である。また、慶應義塾(けいおうぎじゅく)を設立して後進(こうしん)の育成に力を尽くした教育家としても知られているし、現在は一万円札の肖像画(しょうぞうが)に採用されていて、近代日本の父として広く国民に記憶されている人物である。1872年に福沢が出版した『学問のすゝめ(がくもんのすすめ)』は当時の大ベストセラーとなった。この本は余りにも有名であるため、現代でもこれをもじって『○○のすゝめ』というタイトルを付けた本や記事に出合うことは多い。

「天は人の上に人を造らず人の下に人を造らず」は、『学問のすゝめ』の冒頭からの引用で、封建的な身分制度の終わり、そして民主主義の到来(とうらい)を告げる言葉として、日本では誰もが記憶している有名な一文である。ただし、❶福沢は単に「人はみな平等である」と説いたわけではない。この言葉はアメリカ合衆国の『独立宣言』の趣旨に触れたもので、福沢はその後に、「…と言われている。しかし広く世の中を見渡すと、賢い人も愚かな人も、豊かな人も貧しい人も、身分の高い人も低い人もいる。これは何故だろうか」という意味の文章を続けている。何故なのだろうか。福沢の答えは、「権利**に関しては**、たしかに人はみな平等だが、「学ぶ者」と「学ばない者」の間に差が生まれるのは当然」というものであった。そして「これは、個人と個人の関係についても言えるし、国と国との関係についても言えることだ」と福沢は考えたのである。

日本は江戸(えど)時代を通じて外国との交易を狭く制限していたが、1853年にペリー提督(ていとく)が率いるアメリカ軍艦隊が浦賀(うらが)に来航し、翌年に日米和親条約(にちべいわしんじょうやく)を締結(ていけつ)したの**を契機に**開国して、積極的な国際交

- **明治時代**
日本史の時代区分の1つ(1868～1912)。江戸幕府が倒れた後、明治天皇の時代。

- **慶應義塾**
名門私立大学の1つ。1858年、福沢諭吉が創設し、2008年に創立150年を迎えた。

- **ゝ**
この記号の前のひらがなを表す繰り返しの記号。「すゝめ」の場合「すすめ」、「たゝみ」の場合「たたみ(畳)」と読む。

- **独立宣言**
1776年、アメリカがイギリスから独立する理由・理念を内外に示した宣言。

- **江戸時代**
日本史の時代区分の1つ(1603～1867)。徳川家康が江戸(現在の東京)に幕府を作り、日本を統治した時代。徳川時代。

流を始めることになった。そして近代化した西洋諸国の強大な力を目の当たりにして、福沢は「このままでは日本が西洋に飲み込まれてしまう」という危機感を抱いたのである。そして、「日本が独立を保つためには、まず民衆の一人一人が独立の気概を持って、労を惜しまず、その人**なりに**精一杯学問に励まなければならない」と考えて、『学問のすゝめ』を出版したのであった。

福沢が『学問のすゝめ』の中で奨励したのが「実学」であることもよく知られている。実学とは「実際に役に立つ学問」という意味で、ふつうは経済学、法律学、工学、医学などの、実利に結びつきやすい応用学問を指す。しかし文学や哲学や歴史学のような、❷実利に結びつかない学問も重要であることは言う**までもなく**、福沢もそれらを軽んじたわけではない。福沢が言いたかったのは、「本を読むだけが学問ではない。ものごとを知るだけではなく、知ったことを実際に行うのが❸真の学問である」ということであった。

福沢は、「学問も工業も、政治も法律も、みな「人間交際」のためにある」と考えていた。「人間交際」は英語のsocietyを訳したもので、現代なら「社交」とか「社会」と訳されるところである。福沢は、一貫して「社会の役に立つこと」を考えた思想家だったのである。

名言の出典：福沢諭吉『学問のすゝめ』岩波文庫

日米和親条約
1854年に江戸幕府とアメリカ合衆国(ペリー提督)が締結した条約。

読解チェック

Q1

❶「福沢は単に「人はみな平等である」と説いたわけではない」とあるが、その理由は何か。下の括弧に当てはまる言葉を書きなさい。

人は(❶ 　　　　　　)に関しては(❷ 　　　　　　)が存在しないが、(❸ 　　　　　　)と(❹ 　　　　　　)との間には、必然的に(❷ 　　　　　　)が生じるから。

Q2

❷「実利に結びつかない学問も重要であることは言うまでもなく、福沢もそれらを軽んじたわけではない」を韓国語にしなさい。

Q3

❸「真の学問」とは何か。下線に当てはまる言葉を書きなさい。

__________________ことにとどまらず、____________________________こと

語彙・表現ボックス

日本の名言

- 天てん　하늘
- 渡航とこうする　도항하다, 바다를 건너 외국에 가다
- 設立せつりつする　설립하다
- 後進こうしん　후진, 후배
- 育成いくせい　육성
- 尽つくす　다하다, 진력하다
- 肖像画しょうぞうが　초상화
- 採用さいようする　채용하다
- もじる　유명한 문구를 바꾸어 나타내다, 풍자적으로 빗대다
- 冒頭ぼうとう　첫머리, 서두
- 封建ほうけん　봉건
- 到来とうらい　도래
- 告つげる　고하다, 알리다
- 説とく　해석하다, 설명하다
- 趣旨しゅし　취지
- 見渡みわたす　멀리까지 널리 바라보다
- 愚おろかな　어리석은, 미련한
- 交易こうえき　교역, 무역
- 提督ていとく　제독
- 率ひきいる　거느리다, 인솔하다
- 来航らいこうする　내항하다
- 締結ていけつする　체결하다
- 開国かいこくする　개국하다
- 諸国しょこく　제국, 여러 나라
- 強大きょうだい　강대함
- 目まの当あたりにする　직접 눈으로 보다, 목도하다
- 飲み込むのみこむ　삼키다, 이해하다
- 危機感ききかん　위기감
- 保たもつ　지키다, 유지하다
- 民衆みんしゅう　민중
- 気概きがい　기개
- 労ろうを惜おしむ　수고를 아끼다
- 励はげむ　힘쓰다, 노력하다
- 奨励しょうれいする　장려하다
- 実学じつがく　실학
- 工学こうがく　공학
- 実利じつり　실리
- 結むすびつく　결부되다, 맺어지다
- 軽かろんじる　경시하다
- 真しんの　참다운, 진정한
- 社交しゃこう　사교
- 一貫いっかんして　일관되게

日本の名言 語彙・表現を深める

もじる
有名な作品などの文句を真似して言いかえる
『我輩は猫である』という作品名を**もじって**、「我輩は犬である」や「我輩は旅行好きである」などといった名前をつけたホームページがある。

告げる
伝え知らせる／聞かせる
医者は患者の家族に余命があとわずかであることを**告げた**。

愚か
考えが足りない様子／未熟である様子
家族も未来も捨てて犯罪に手を染めてしまうとは、彼は**愚かな**奴だ。

飲み込む
大きな物や力が、小さなものを自分の一部にしてしまう／理解する／飲んで、喉を通す
全国大会に出場したが、場の雰囲気に**飲み込まれ**、全力が出せなかった。

気概
困難に負けない強い心
若者は、社会を良くするのだという**気概**を持って生きなければならない。

労を惜しむ
一生懸命に取り組むことを嫌がる(「労を惜しまず」の否定表現で使うことが多い)
こつこつと**労を惜しまず**、努力を続けることが、成功への近道だ。

励む
一生懸命物事に取り組む／心を打ち込んで行う
姉は結婚式でドレスを着るために、式の前日までダイエットに**励んで**いました。

結びつく
つながる
漢字の中には、形からその意味が分かるものもあれば、形と意味とが**結びつかない**ものもある。

真の
本当の／本物の
真の友情とは、どんな時でも変わらない信頼によって成り立つものです。

日本の名言

重要文法

～に関して ～에 대해서

「～に関係して／～について」の意味。

- 事件に関(かん)して、知っていることがあれば言ってください。
- 国民はガソリンの値上げに関して不満を抱いている。

～を契機に ～를 계기로

「～をきっかけに」という意味。契機とは物事が始まったり、変化が生じたりする直接の要素や原因、きっかけのことを指す。

- 私の父は定年退職を契機(けいき)に、山登(やまのぼ)りに挑戦することを決心したそうだ。
- 阪神(はんしん)・淡路大震災(あわじだいしんさい)を契機に、住宅の耐震(たいしん)強度や地震対策が見直されるようになった。

～なりに／～なりの ～나름대로/～나름의

「～に可能な範囲で／～に相応(ふさわ)しい」という意味。

- 福沢諭吉の名言について、私なりに調べてみました。
- 若者には若者なりの主張がある。

～までもない ～필요는 없다

わざわざそれをする必要が無いという意味に使う。

- 彼が相当の酒豪(しゅごう)であることは言うまでもない。
- 駅までは歩いて5分なので、バスに乗るまでもありません。

日本の名言

会話

<将来を考えているヨンハが拓哉に相談している> CD1・10

ヨンハ 僕は政治家になって、国を良くしたいと思っているんです。でも……。

拓哉 どうした？

ヨンハ 政治家なんて、*二世(にせい)じゃないとなれない世の中のような気がして。

拓哉 確かにな。社会には不平等なことも多いから……。天は人の上に人を*作りまくって、人の下にも人を作りまくっている、ってことだな。

ヨンハ それはどういうことですか。

拓哉 世の中は一見平等に見えるけれど、結局は人間と人間の間には大きな差がある。つまり、平等に作られてはいないんだよ。

ヨンハ 確かに…… どこにでもそういうことはありますね。世の中が、もっと平等だったらいいのに。韓国でも、昔の人が、「人の上に人おらず、人の下に人おらず」と言っていました。

拓哉 そうだな。誰もが平等であることを望んでる。いつかは、そうなるといいよな。

---

*二世：親のあとを継ぐ息子や娘のこと。親が議員でその子供も議員という場合は「二世議員」、さらに孫も議員となれば「三世議員」という。親を「一世議員」とは言わない。

*～まくる：動作や状態が続く様子や、盛んにそうすることを表す。

タスク

「学ぶこと」と「実行すること」

福沢諭吉は、「学んだことを、実際に行うことが大切である」と言います。あなたはそれが出来ているでしょうか。大学で学んだこと、本を通して学んだこと、人に教わったことを振り返ってみましょう。

① これまで学んだことの中に印象に残っている名言(ことば、フレーズ、内容)はありますか。それを日本語で書いてみましょう。

② その名言の内容を自ら実行したことがありますか。それは何ですか。クラスの人と話し合ってみましょう。

③ これから実行しようと思っていることがありますか。それを書いてみましょう。

ウォームアップ

「戦後」すぐのころの韓国の経済や人々の生活はどうだったでしょうか。知っている情報をグループで出し合ってみましょう。

読む前に

この名言を理解するためには、戦後の昭和20〜30年代の日本を理解する必要があります。戦後の日本はどうでしたか。

① 昭和20年代

② 昭和30年代

そして、「高度経済成長」時代の幕開けを象徴するこの言葉が最も強く訴えていることは何でしょう。下に書いてあるキーワードに注目しながら読んでみましょう。
〔回復、経済成長、技術革新、近代化〕

歴史

04

「豊かな時代」への第一歩
——高度成長時代の幕開け

もはや「戦後」ではない

説明
敗戦から11年が経ち、苦しい「戦後復興」の時代はもう終わった。

経済白書（けいざいはくしょ）
その年の国民経済の動きを分析し、今後の政策の指針を示すために発行されている政府の文書。正式には「年次経済報告」という。

歴史

「豊かな時代」への第一歩
――高度成長時代の幕開け

CD1・12

昭和(しょうわ)20年(1945年)8月15日をもって、日本はアメリカ・イギリスとの戦争に敗(やぶ)れた。戦争末期の空襲(くうしゅう)で主要都市はことごとく焦土(しょうど)と化(か)し、農業も工業も生産力を失ってしまったため、終戦(しゅうせん)後も数年間にわたって国民は飢えに苦しまねばならなかった。空襲の恐怖と戦後の貧困の経験は今も日本人の心に深く刻み込まれており、毎年８月になると、テレビでも雑誌でも新聞でも特集が組まれ、この痛(いた)ましい記憶を回顧(かいこ)するのが恒例(こうれい)となっている。

しかし、７年間の占領期を経て昭和20年代の後半**ともなると**、日本経済は目覚ましい復興を遂げた。とりわけ昭和30年には空前(くうぜん)の好景気(こうけいき)が訪れて、工業生産高(せいさんだか)や国民所得は戦前を大きく上回る水準に達した。国民の暮らしは急速に豊かになり、増加した家計収入は終戦直後のように米や衣類の買い込みに費やされるのではなく、白黒テレビ、電気冷蔵庫、電気洗濯機など、新しく登場した家電製品の購入に当てられるようになった。

そして昭和31年、経済企画庁は『経済白書(けいざいはくしょ)』の中で、❶「もはや「戦後」ではない」と宣言したのであった。このフレーズは当時の流行語となり、「高度経済成長」時代の幕(まく)開(あ)けを象徴する言葉として、今も新聞・雑誌・書籍などでたびたび引用されている。

2006年に日本では「昭和30年代ブーム」が起こった。希望に満ちていた当時の生活を懐(なつ)かしむような、『ALWAYS 三丁目(さんちょうめ)の夕日(ゆうひ)』や『フラガール』といった映画がヒットしたり、昭和30年代風の店構(みせがま)えのレストランなどがオープンして話題になった。当時、多くの人々が大きな希望を抱いて暮らしていたのは確かであろう。しかし、「もはや『戦後』ではない」と宣言した**からといって**、この『経済白書』

● **占領期**
1945年に敗戦した後、日本の非軍事化・民主化を目指してアメリカが、日本を占領した期間。

● **経済企画庁**
2001年1月まで存在した日本の政府機関(いわゆる省庁)の1つ。日本の長期経済の計画や、国民所得の調査等を行っていた。

は、ただ単純に苦しい復興期の終わりをたたえたのではなかった。このフレーズだけを字面通りに読めば、たしかに安堵と希望に満ちた喜ばしい宣言のようにも思えるが、この『経済白書』は本文の全体を通して、むしろ新たな努力が必要であることを国民に訴えているのである。

「回復を通じての成長は終わった。今後の成長は、近代化によって支えられる」と、この『経済白書』は言う。これまでの好景気は、失われたものを取り戻すだけの「回復」による経済成長に過ぎなかった。今後は、原子力やオートメーション化に代表される「技術革新」によって経済成長を推し進めること**なくしては、**❷世界経済の「近代化」についてゆくことはできない。そうした危機感と、日本経済をその危機に陥らせはしないという決意を表明したのが、この『経済白書』だったのである。

また同年の『厚生白書』は、「果たして『戦後』は終わったか」という項目を設けて、住宅問題の解決が遅れていることや、復興の背後に取り残された900万人以上の貧困層が存在することなど、処理すべき課題がまだまだたくさん残されていることを強調している。昭和30年代は、空前の好景気に恵まれた**とはいえ**、ただただ明るいばかりの時代ではなかったのである。

名言の出典：『昭和31年度 経済白書』経済企画庁

● オートメーション化
機械を導入して生産を自動化すること。

● 厚生白書
2000年まで厚生省が毎年発行していた、国民の労働や健康などについて書かれていた文書。現在は、厚生労働省となり、「厚生労働白書」を発行している。

読解チェック

日本の名言

Q1

❶「もはや「戦後」ではない」という言葉が最も強く訴えていることは何か。

1　国民がこれまで以上に努力をすることの必要性。
2　敗戦直後の、苦しい生活再建の時期の終了。
3　日本社会に未解決の問題がたくさん存在していること。
4　希望に満ち溢れた、輝かしい成長の時代の幕開け。

Q2

❷「世界経済の「近代化」」とは具体的にどのようなものか。

1　国がラジオや映画で、最新のニュースを伝えるようになったこと。
2　情報通信技術が発達し、いつでもどこでも電話がかけられるようになったこと。
3　新しいエネルギーの開発や、生産工程の機械化によって、経済が発展したこと。
4　生きるためにはまず食料が必要なので、大規模な農業の実施が推奨されたこと。

Q3

昭和30年代は、これまでにない好景気であった半面、どのような社会問題があったか述べなさい。

語彙・表現ボックス

日本の名言

- 幕開まくあけ　개막
- 末期まっき　말기
- 空襲くうしゅう　공습
- ことごとく　모두, 깡그리
- 焦土しょうどと化かす　초토화되다, 폐허가 되다
- 終戦しゅうせん　종전
- 貧困ひんこん　빈곤함
- 刻み込むきざみこむ　새기다
- 痛いたましい　가엾다, 딱하다
- 回顧かいこする　회고하다
- 恒例こうれい　항례, 하기로 정해져 있는 의식이나 행사
- 占領期せんりょうき　점령기
- 目覚めざましい　눈부시다
- 復興ふっこう　부흥
- 遂とげる　이루다, 달성하다
- 空前くうぜん　공전, 전례가 없음
- 好景気こうけいき　호경기
- 生産高せいさんだか　생산량, 생산액
- 所得しょとく　소득
- 上回うわまわる　상회하다, 웃돌다
- 家計かけい　가계, 살림살이
- 衣類いるい　의류
- 費ついやす　소비하다, 낭비하다
- 家電製品かでんせいひん　가전제품
- 購入こうにゅう　구입
- 宣言せんげんする　선언하다
- 流行語りゅうこうご　유행어
- 象徴しょうちょうする　상징하다
- 懐なつかしむ　그리워하다, 반가워하다
- 店構みせがまえ　가게의 구조, 규모
- たたえる　기리다, 칭찬하다
- 字面じづら　글자 모양, 문장의 표면적 의미
- 安堵あんど　안도
- 喜よろこばしい　기쁘다, 즐겁다
- 近代化きんだいか　근대화
- 原子力げんしりょく　원자력
- オートメーション化か　오토메이션화, 자동화
- 革新かくしん　혁신
- 推し進めるおしすすめる　추진하다, 밀고 나가다
- 陥おちいる　빠지다
- 決意けつい　결의
- 表明ひょうめいする　표명하다
- 設もうける　마련하다, 설치하다

日本の名言

語彙・表現を深める

ことごとく

すべて

景気が良くない時には、どんなにすばらしい事業を立ち上げても、**ことごとく**失敗してしまいます。

焦土と化す

家屋・草木（くさき）などが焼けてしまう

火災がおさまってから、**焦土（しょうど）と化（か）した**自分の家を見て、声も出なかった。

刻み込む

心に深く記憶する／忘れないようによく覚えておく

悲しい戦争があったことを、いつの時代になっても、胸に**刻（きざ）み込（こ）ん**でいてほしい。

痛ましい

かわいそうで心が痛む

最近、子供が被害を受ける**痛（いた）ましい**事件が増加している。

恒例

その時期にいつも決まって行われること

今年で20回目となるゴミ拾い運動は、町の**恒例（こうれい）**行事となっている。

目覚ましい

驚くほどすばらしい

成長期の息子の身長は、この一ヶ月で**目（め）覚（ざ）ましく**伸びている。

遂げる

果たす／完成させる／終える

富士山に登り、朝日を見るという目的をついに**遂（と）げた**。

空前

それ以前には例がなかったこと

80年代後半から90年代初頭（しょとう）にかけて、日本は**空前（くうぜん）**の好景気を迎えた。

上回る

ある数量を超える(←→下回る)

あのゲーム会社は、新商品の大ヒットで、予想を**上回（うわまわ）る**収益を得た。

費やす

金銭・時間・労力などを使う, 使ってなくす

この研究成果を出すために、10年もの年月と莫大なお金を**費（つい）やした**。

幕開け
物事の始まり
2000年に開かれた「ITサミット」は、日本のインターネット時代の**幕開け**となった。

懐かしむ
懐かしく思う
今年は、昔を**懐かしむ**商品がヒットし、その売り上げが３年ぶりに上昇した。

店構え
店の構造／店の作り・規模／店の見た目・外観
店構えが立派でも、料理がまずければその店は繁盛しないでしょう。

たたえる
ほめる
優勝した選手には、表彰台でその功績を**たたえられ**、金メダルを授与される。

推し進める
どんどん行う
環境を守るための政策を**推し進める**。

陥る
良くない状態にはまりこむ／悪い状態になる
一時、意識不明の状態に**陥った**が、祖母の意識は何とか回復した。

生産高
生産した物の量やその金額
青森県は、りんごの**生産高**日本一の県です。

日本の名言 重要文法

～ともなると ～이(가) 되면

「～という状態・時期に至ると」という意味。

- 社会人ともなると、いつまでも親の世話になってはいられない。
- 22世紀ともなると、誰もがロボットを自在に操れる時代といえるであろう。

～からといって(…ない) ～라고 해서

「～という推論(すいろん)や考えが正しいわけではない／～は必ずしも…の理由にはならない」ということを表す。

- 安いからといって沢山(たくさん)買うと、結局高い買い物になってしまう。
- いくら子どものことが心配だからといって、教室まで親がついてくることはないでしょう。

～なくしては ～없이는

「Aなくしては」の形で、「Aが存在しなければ」という仮定の意味を表す。後ろに否定表現を伴うことが多い。

- 彼の迅速な行動なくしては、会社の損失は免れなかっただろう。
- 努力なくしては、何事も上手くいかない。

～とはいえ、… ～라고 해도 …

「Aとはいえ、B」の形で、Aの逆接としてBを述べる場合に使う。

- 天気予報で明日は晴れだと言ったとはいえ、それが正しいかは明日にならないと分からない。
- もめごとを解決するための手段のひとつであるとはいえ、武力まで用いる必要はないはずだ。

日本の名言

会話

<ジウが大学のパソコン室でレポートを書いている> CD1・13

ヨンハ　あれ、ジウさん、何を調べてるんですか。

ジウ　実は「日本の経済と歴史」の授業のレポートを書かなくちゃならなくて、今、日本政府のホームページでいろいろ調べているの。

ヨンハ　経済と歴史……、どんなことを書く予定ですか。

ジウ　うーん、まだ決まっていないんだけど、日本で経済活動がどのように行われたかが書かれている『経済白書』ていうのがあるから、最近のと20年前のを比較してみようかなって思って。

ヨンハ　へー、古いものも見れるんですね。

ジウ　そうそう。そういえば、『経済白書』って検索すると、「もはや戦後ではない」というフレーズもよく出てくるんだけど… これってどういう意味なんだろう。

ヨンハ　ああー、それ、聞いたことがあります。戦争が終わって、日本の景気がどんどん回復していった時に言われた言葉ですよ。当時、ブームになった言葉だとか。

ジウ　なんだか、面白そう！ 20年前のじゃなくて、その言葉が掲載されたときのものと比較してみようかな。

ヨンハ　そうですか。じゃ、頑張って下さい。

タスク

韓国戦争が終わった直後の韓国はどうだったでしょう。日本の「昭和30年代」のように、戦争から回復し経済成長を成し遂げたのはいつでしょうか。そして、それを可能にした力はどんなものでありましたか。1950～1970年代の韓国の経済成長について各自調べて1000字くらいでまとめましょう。

ウォームアップ

「元気」のように、「気」のつく言葉はたくさんあります。「__気」という言葉を5つ探し、意味を調べ、発表しましょう。

読む前に

① 孫悟空が「元気」を使って出す技の名前は何でしょうか。

② 筆者は、「元気」はどこにあると述べていますか。それを表している一文を抜き出しましょう。

③ 現代の人々は「元気」をどのようにしていると筆者は見ていますか。

鳥山明（とりやまあきら）（1955〜）
漫画家。代表作は、『Dr.スランプ』、『ドラゴンボール』など。ゲームのキャラクターデザインなどもこなす。

05

アニメ・マンガ

「純粋な心」と「協力」が生み出す最高のエネルギー

大地（だいち）よ、海よ、空よ、そしてこの世に生きているすべてのみんな、オラにほんのちょっとずつだけ元気を分けてくれ！

ー孫悟空（そんごくう）（『ドラゴンボール』より）ー

アニメ・マンガ

「純粋な心」と「協力」が生み出す最高のエネルギー

CD1・15

この言葉は、鳥山明(とりやまあきら)が描いた世界的にも有名な『ドラゴンボール』という漫画作品の中で、主人公の孫悟空(そんごくう)が発した言葉である。この世界を支配しようとする邪悪(じゃあく)な強敵(きょうてき)が現れ、打ち倒すべく格闘(かくとう)した末に万策(ばんさく)が尽きた時、孫悟空はこの決(き)め台詞(ぜりふ)とともに❶「元気玉(げんきだま)」という技を繰り出す。「元気玉」は、生きとし生けるものすべてが孫悟空に少しずつ分け与えた「元気」を凝縮(ぎょうしゅく)して敵に投げつける攻撃技で、その威力はあらゆるものを凌(しの)ぐ。

漫画の中の空想的な出来事とはいえ、元気玉は人間の「元気」というものの本質を象徴しているように思われる。元気とは、辞書**によれば**「心身の活動の源となる力」である。これは個々の人間の体内、あるいは精神に宿る活力であり、それ自体は人と人との間でやり取りできるようなものではない。しかし不思議な**ことに**、「元気付ける」という言い回しに表れているように、人が人に元気を与えるのも珍しいことではない。実は元気というのは、人の「内側」にある**というより**、人々の「間」にあるものなのかも知れない。そして、それが目に見える形で結晶になったものが元気玉なのである。また、孫悟空の元気玉は、元気こそが我々のエネルギーとして最も「強力」であることをも表している。たくさんの人々の元気が結集されたとき、何ものにも勝る力が発揮されるのだ。

元気玉に元気を与えるのは、人のみではない。元気玉は、「生きとし生けるもの」すべてから少しずつ元気をもらって初めて元気玉となるのである。そこには、善人か悪人か、人か動物か植物か、人にとって「良い」生き物であるか「悪い」生き物であるかなどの区別は存在しない。元気玉は、人や自然を無条件で信頼することで最強の力を得るのである。

全ての生き物が力を合わせるとはいえ、元気玉そのものを扱うことができるのは、あくまで「人」だけである。しかもその「人」は、特別に選ばれた「人」である。孫悟空が元気玉を扱うことができるのは、常人には耐えられないほど厳しい鍛錬を積んだことに加えて、邪な心を一片**たりとも**持たないからである。最強の力は、純粋な心にしか与えられない。邪心は「元気」を斥けるのだ。

我々の生きる現代という時代は、どこか殺伐としている。人間と自然が調和を失って環境問題は深刻化し、人々はバラバラでまとまらず思い思いの方向に「元気」を空回りさせているように見える。「元気玉」は、漫画作品の中の架空の敵を倒すための、架空の武器ではある。しかし、すべての人、すべての生き物が力を合わせて最高のエネルギーを作り出すという❷「元気玉」を必要としているのは、今、現実を生きている我々なのかも知れない。

名言の出典：鳥山明『ドラゴンボール』集英社

読解チェック

日本の名言

Q1

❶「元気玉」を繰り出すための条件について、以下にまとめなさい。

1　「元気玉」のもとになるもの：＿＿＿＿＿＿＿＿の元気

2　「元気玉」を繰り出せる者：＿＿＿＿＿＿＿＿＿＿

3　孫悟空が「元気玉」を繰り出せる理由：

①＿＿＿＿＿＿＿＿こと　②＿＿＿＿＿＿＿＿こと

Q2

❷「「元気玉」を必要としているのは、今、現実を生きている我々なのかも知れない」とあるが、その理由は何か。空欄に適切な語句を入れ、完成させなさい。

現代は、人間と自然との間の(❶　　　　　)が失われ、(❷　　　　　)は深刻化している。さらに、人々は思い思いに行動し、(❸　　　　　)がまとまることが無い。「元気玉」のような、(❹　　　　　　　　　)すべての元気を１つにする、つまり生き物が(❺　　　　　　)て最高のエネルギーを作り出すことで、人間と自然との間に再び(❶　　　　　)を取り戻すことができるからである。

Q3

本文の内容を最も適切に表しているものを一つ選びなさい。

1　善人か悪人か、良い生き物であるか悪い生き物であるかは関係なく、元気玉を発することができる。

2　元気玉は、人や自然のすべてを信じることで、孫悟空が繰り出す非常に強力な威力を持つ技である。

3　「元気付ける」という言葉からも分かるように、元気は外側から与えられるものである。

4　元気玉は、あくまで漫画の上でのものであって、現実の出来事とは関係がない。

語彙・表現ボックス

日本の名言

- 大地だいち　대지
- 発はっする　발하다
- 邪悪じゃあく　사악함
- 強敵きょうてき　강적
- 打ち倒すうちたおす　타도하다
- 格闘かくとうする　격투하다
- 万策ばんさく　온갖 방책, 모든 수단
- 尽っきる　다하다, 떨어지다
- 決きめ台詞ぜりふ　결정적인 대사
- 技わざ　기술
- 繰り出すくりだす　강하게 내지르다, 계속 내보내다
- 生いける　살아 있다, 생명이 있다
- 分け与えるわけあたえる　나누어 주다
- 凝縮ぎょうしゅくする　응축하다
- 投なげつける　내던지다
- 威力いりょく　위력
- 凌しのぐ　견디어 내다, 헤치고 나아가다
- 本質ほんしつ　본질
- 源みなもと　근원, 기원
- 宿やどる　깃들다, 거주하다
- 自体じたい　자체
- やり取とり　주고 받음
- 言い回しいいまわし　표현, 말솜씨, 말주변
- 結晶けっしょう　결정
- 結集けっしゅうする　결집하다
- 勝まさる　뛰어나다, 낫다
- 無条件むじょうけん　무조건
- 最強さいきょう　최강
- 常人じょうじん　보통 사람, 평범한 사람
- 鍛錬たんれん　단련
- 邪よこしま　옳지 않음, 부정함
- 一片いっぺん　한조각
- 邪心じゃしん　사심, 사악한 마음
- 斥しりぞける　물리치다, 격퇴하다
- 殺伐さつばつ　살벌함
- 調和ちょうわ　조화
- 空回からまわり　공전, 헛돎
- 架空かくう　가공
- 作り出すつくりだす　만들어내다

日本の名言

語彙・表現を深める

打ち倒す　なぐりたおす
ゲームで次々と敵を**打ち倒して**いくと、日ごろたまったストレスも一気に吹き飛ぶ。

繰り出す　手元から勢いよく突き出す／次々とものを送り出す
ライバル会社が次々と**繰り出す**巧みなビジネス戦略にこのところ押され気味だ。

分け与える　分配する／分けて与える
祖母の遺書に従って、財産は孫たちに**分け与えられる**ことになった。

投げつける　投げてぶつける／手荒く投げる
頭にきたので、近くにあった物を片っ端から彼に**投げつけた**。

やり取り　物・手紙・言葉などを取り交わすこと
しばらく手紙の**やり取り**が滞っていた友人から小包が届いた。

言い回し　言葉による表現の仕方
少し皮肉めいた**言い回し**に、その人の性格を垣間見たような気がした。

常人　普通一般の人
彼の突飛な行動は**常人**には理解できるものじゃない。

邪　正しくないこと、道理に外れていること
上司に対する彼の**邪**な態度は、我慢ならない。

空回り　行動や理論が同じことを繰り返すだけで、発展しないこと
頑張ろうとするほど**空回り**して、結局上手くいかずに終わってしまうことが多い。

作り出す　新しいものを作る
目新しいドラマを**作り出す**ために、監督とスタッフは納得がいくまでとことん話し合った。

日本の名言 重要文法

～によれば ～에 따르면

「～を参考にすると／～に基づくと」の意味。～を参考にして、そこから導き出される内容が、後ろの文に続く。

- 今朝の新聞**によれば**、事件の被害者は今もなお増え続けているという。
- 父の遺言(ゆいごん)**によれば**、不動産は、売却(ばいきゃく)した後に、子供３人に平等に与えられる。

～ことに ～(하)게도

感情を表す表現に接続し、その感情を強調する。

- 驚いた**ことに**、彼には双子の弟がいた。
- ずっと禁煙していたが、情けない**ことに**、同僚に勧められてつい吸ってしまった。

～というより ～라기 보다

「AというよりB」で「Aよりは、Bのほうが当たっている」という意味を表す。Bに当たる部分を強調したい場合などに使われる。

- しつけ**というより**、それは暴力としか言いようがない。
- 動物を飼う人が増え、ペットは、ペット**というより**家族として考える人が増えてきている。

～たりとも 비록 ~라도

「わずか～であっても／わずか～といえども」の意味。

- この書類の提出期限は今月末で、１日**たりとも**遅れてはならない。
- 憲法によれば、宗教を信仰することの自由は、何人(なんびと)**たりとも**妨げられることはない。

日本の名言

会話

＜漫画喫茶店で＞　CD1・16

彩　韓国でも『ドラゴンボール』は、とっても有名だって聞いたんだけど。

ヨンハ　そうだよ。僕は高校生くらいのときにはまって、テスト勉強*そっちのけで読んでたよ。そのせいで、成績がかなり下がっちゃったな。

彩　本当!? そんなに好きだったの。

ヨンハ　うん。主人公の孫悟空(そんごくう)の真っ直ぐな性格も好きでね。それに、悟空は*万事休(ばんじきゅう)すって時でも、決して諦めずにさらに力を放とうとするんだ。

彩　なんだったっけ？「かめはめ波(は)」より強い技、あったよね？

ヨンハ　うんうん。元気玉。「大地よ、海よ、空よ、そしてこの世に生きているすべてのみんな、オラにほんのちょっとずつだけ元気を分けてくれ！」って言ってさ。

彩　うわ、台詞も覚えちゃってる……。いろんなものから元気をもらって繰り出す技なんだね。

ヨンハ　ほら、この巻のここ、ここ!!

彩　(ヨンハ、詳しすぎ～！)

---

*そっちのけ：別のことに夢中になって、本来することをやらないこと。

*万事休す：色々なことをしたが上手くいかず、出来ることがない状態。

タスク

いつもは元気な友人たちが、今日は何だか元気がありません。それぞれに悩みがあるようです。彼や彼女たちを元気付けたり、少しでも悩みを和らげてあげたりするためには、何と声をかけたらよいでしょうか。

① ヨナさん

ヨナさんが故郷で飼っていた犬が亡くなりました。その犬(名前はパドゥギ)は、ヨナさんが小学生の頃から飼っていて、10年近く生きてきました。最後を見とれなかったことが、ヨナさんにとって一番悲しいことのようです。

② 健(けん)さん

高校時代から、バンドを組みドラムを担当している健さんは、バンドのメンバーと揉(も)めてしまいました。自分のドラムのやり方に、他のメンバーが色々と注文し、それが気に入らず、思わず「解散だ」と言ってしまいました。よく考えて、そう言ってしまったことを後悔しているのですが、メンバーに何と言ってよいか分からず悩んでいるようです。

ウォームアップ

名言を読んでみましょう。この言葉は日本のアニメ『新世紀エヴァンゲリオン』の台詞の一つです。今までに見たことのある日本のアニメについて、内容、好きなキャラクター、面白かったシーンなどを思い出して、グループの中で発表しましょう。

読む前に

この本文を理解するためには、以下の三つのポイントがあります。この言葉が発せられたアニメの場面、この名言を言った登場人物である葛城ミサトの「奇跡」についての考え方、『新世紀エヴァンゲリオン』の日本社会への影響力です。この三点に注目しながら読んでみましょう。

① この名言は誰の、どんな言葉に対して返した言葉でしょうか。

② ミサトが「奇跡を起こす」といったことは、何を意味していますか。

(　　　　　　　　　　　　　　　　　　　　)を示すとともに、

(　　　　　　　　　　　　　　　　　　　　)を意味している。

。

③『新世紀エヴァンゲリオン』が影響を与えた領域はどのような領域ですか。二つ探しましょう。

アニメ・マンガ

揺るぎない自信が奇跡を「起こす」

奇跡ってのは、起こしてこそ初めて価値が出るものよ。

―葛城(かつらぎ)ミサト(『新世紀エヴァンゲリオン』より)―

説明

奇跡というものは、自然に「起きる」ことによってではなく、自ら「起こす」ことによってこそ価値が出るものなのである。

新世紀(しんせいき)エヴァンゲリオン

1995年~1996年に放映されたテレビアニメ。映画にもなり、社会的にもよく知られている作品。10年以上経過した今もなお、根強いファンが多い。

06

アニメ・マンガ

揺るぎない自信が奇跡を「起こす」

CD1・18

● 使徒
もとは、イエス＝キリストによって最初に選ばれた12人の弟子のことを指すが、ここでは作中に登場する敵の総称。

これは、1990年代後半に放映され、現在も関連作品や映画版が作られているテレビアニメ『新世紀エヴァンゲリオン』の登場人物、葛城ミサトの言葉です。彼女は、正体不明の敵「使徒」と戦う「ネルフ」という組織の一員で、使徒を倒すための人型兵器「エヴァンゲリオン(通称、エヴァ)」と、それに搭乗する子供たちを指揮する立場にあります。

テレビアニメシリーズ第12話で、巨大な目玉の形をした使徒が、自らの身体を爆弾にし、ネルフ本部めがけて落下してきました。このとき、いかなる攻撃も受け付けない使徒に対し、3体のエヴァを落下地点に向かわせ、それを破壊する**かわりに**受け止めるという作戦をミサトは指示します。エヴァが衝撃に耐えられる保証が全くないこと**はおろか**、落下地点すら範囲が広すぎて特定できないため、エヴァのパイロットは皮肉**をこめて**❶「これで上手くいったら、まさに奇跡ね」と言いました。しかしミサトはそんな揶揄をものともせず、「奇跡ってのは、起こしてこそ初めて価値が出るものよ」と、言い返したのでした。

「奇跡」という言葉は、本来「めったに起こらないこと、特に神が起こした驚くべき出来事」という意味であり、普通の人間にとっては、「起こす」ものではなく「起きる」ものです。それをあえてミサトが「起こす」と言ったのは、それほど事態が急迫していたというのもさることながら、自分達には奇跡を「起こす」だけの力があるという揺るぎない自信を抱いていたからでした。実際、エヴァはギリギリで使徒を受け止めることに成功し、被害を最小限に抑えました。まさに彼らは自分達の力で奇跡を「起こした」のです。

『新世紀エヴァンゲリオン』は、現在に至るまで様々なメディアに登場し、他のアニメや漫画、音楽といった領域に多大な影響を与えました。またそれは、サブカルチャーの領域にとどまらず、日本の現代文化や現代社会を考察するための学術的な資料としても扱われています。日本の哲学者・批評家の❷東浩紀は、1970年代に放映されたロボットアニメ『機動戦士ガンダム』と、この『新世紀エヴァンゲリオン』を比較して、前者のファンはその続編や多くの資料を使って「ガンダム」の「世界観」を精密に読解することに熱中するが、それ**にひきかえ**後者のファンは「碇シンジ」「綾波レイ」といった個々の登場人物の「設定」に熱中すると指摘しています。そしてそれは、社会を包括する「大きな物語」が消滅した「ポストモダン」の時代状況を表す特徴だ、と述べています。『新世紀エヴァンゲリオン』は、様々な意味で時代の象徴となったのでした。

名言の出典：『新世紀エヴァンゲリオン』テレビシリーズ
第12話「奇跡の価値は」

● サブカルチャー
世間一般に「文化」として認められるものに対し、特定の集団だけが持つ文化のこと。大衆文化や若者文化などを指す。

● ポストモダン
「近代(modern)の後」という意味で、近代の価値観を超え、新しい考え方を創出しようとする文化運動、思想運動。近代の合理主義的傾向を否定する考え方。

読解チェック

日本の名言

Q1 本文の内容に合うものには○を、合わないものには×をつけなさい。

1　(　　)エヴァとそれに搭乗する子供たちを指揮するのは葛城ミサトである。

2　(　　)葛城ミサトはパイロットに言われた言葉をその通りだと思った。

3　(　　)エヴァは最終的に使徒の攻撃による被害を抑えることができた。

4　(　　)アニメが、文化や社会を研究する上での資料になることはない。

Q2 ❶「これで上手くいったら、まさに奇跡ね」と揶揄されたとあるが、どうしてパイロットはそう言ったのか。以下の文に適切な言葉を入れなさい。

エヴァが(　　　　　　　　　　)し、(　　　　　　　　　　　　)ため、
パイロットは、(　　　　　　　　　　)ら、奇跡であると思ったから。

Q3 日本の哲学者であり批評家である❷「東浩紀」は、『機動戦士ガンダム』と『新世紀エヴァンゲリオン』のファンの特徴を比較している。それらを簡潔にまとめなさい。

機動戦士 ガンダム	
新世紀 エヴァンゲリオン	

語彙・表現ボックス

日本の名言

- 奇跡きせき　기적
- 後半こうはん　후반
- 放映ほうえいする　방영하다
- 正体しょうたい　정체
- 不明ふめい　불명
- 使徒しと　사도
- 人型ひとがた　인간 형태
- 兵器へいき　병기
- 搭乗とうじょうする　탑승하다
- 指揮しきする　지휘하다
- 目玉めだま　눈알
- 爆弾ばくだん　폭탄
- めがける　목표로 하다, 겨냥하다
- 落下らっかする　낙하하다
- いかなる　어떤, 어떠한
- 受け付けるうけつける　받아들이다, 들어주다
- 破壊はかいする　파괴하다
- 受け止めるうけとめる　저지하다, 받아들이다
- 作戦さくせん　작전
- 衝撃しょうげき　충격
- 揶揄やゆ　야유
- あえて　굳이, 억지로
- 急迫きゅうはくする　급박하다
- ギリギリ　여유가 없음, 빠듯함
- 最小限さいしょうげん　최소한
- 抑おさえる　막다, 억제하다, 진압하다
- 領域りょういき　영역
- 多大ただいな　매우 큰 (많은)
- 考察こうさつする　고찰하다
- 続編ぞくへん　속편
- 精密せいみつに　정밀하게
- 読解どっかいする　독해하다
- 設定せってい　설정
- 指摘してきする　지적하다
- 包括ほうかつする　포괄하다
- 消滅しょうめつする　소멸하다

日本の名言 語彙・表現を深める

目玉

眼球（がんきゅう）／目の玉

目玉（めだま）が飛び出るくらい驚きました。

めがける

目標にする／めざす

虫はなぜ、明るい電気**めがけて**集まるのだろうか。

いかなる

どのような

彼は**いかなる**時も冷静です。

受け付ける

① 与えられた動作・作用を受け入れる

② 申し込みを受けてそれに対応する

① 攻撃のシーンのあるアニメは、どうも私には**受け付けられない**みたいだ。

② 締切日まで、いつでも書類の提出を**受け付けて**います。

受け止める

自分に向かってくるものをとらえ、勢いを止める／自分の中にとりこむ

火事の現場で、逃げ遅れた猫が窓から飛び降り、消防士がそれを見事に**受け止めた**。

揶揄

からかうこと／皮肉を言うこと

友達に「あんたはまだ子供ね」と**揶揄**（やゆ）された。

あえて

わざわざ／しいて

行きたくないパーティーに、**あえて**行く必要はありません。

ギリギリ

限度いっぱいで、それ以上余地がないこと

毎日忙しくて大変だが、いつも挫（くじ）けてしまう**ギリギリ**のところで踏みとどまっている。

日本の名言

重要文法

～かわりに　～대신에

「AかわりにB」で、「Aをしないで、Bをする」「Aではなく、B」ということを表す。

- 家賃を僕が払うかわりに、家事全般は彼女にやってもらうことになった。
- 日記を書くかわりに、最近はずっとブログにはまっています。

～はおろか　～는 커녕

「AはおろかB」という形で、「Aはもちろん、Bさえも(までも)」という意味。

- 甘いものは苦手です。ケーキはおろか、チョコレートなんて食べようとも思いません。
- 外国語を勉強してはいるが、留学することはおろか、海外旅行さえもしたことがない。

～をこめて　～을 담아

「形に表れない物(感情など)を十分に含ませて」という意味。

- これまでの感謝をこめて、母の日にプレゼントを贈った。
- 娘が心をこめて作ってくれたと思うと、うれしくて涙が止まらなかった。

～にひきかえ　～와는 달리, ～에 반해서

「AにひきかえB」という文でAとBの優劣(ゆうれつ)などを比較して、「Aと違ってBは」という意味を表す。

- 姉は勉強もスポーツもなんでもできる。それにひきかえ、妹の私は勉強もスポーツも全て中の下だ。
- アクティブな友人にひきかえ、わたしは部屋にとじこもってマンガを読んでいるほうが好きだ。

日本の名言

会話

＜期末試験期間中に＞ CD1・19

彩　あー！！ 全然レポートが終わらない！どうしよう、これ、出さないと、*合宿（がっしゅく）行けないんですけど……。

拓哉　日ごろの行いが悪いからそんなふうに困ったことになるんだろ。

彩　そんなひどいこと言わないで下さいよ。いつもなら、そろそろ神様がお手を貸して下さるんだけどなぁ……。

拓哉　おいおい、こっち見たって、俺は何にもしてやんないぜ。

彩　先輩、法律学専攻でしょ？ このレポート、裁判をネタにしてるんです。ちょっと教えてくれませんか。

拓哉　俺は神じゃないから、何もしない！ 神が降りてきて、やってくれたら奇跡だな。まぁ、「奇跡ってのは、起こしてこそ価値が出る」ってもんだ。

彩　なんですか、その言葉。奇跡なんて、勝手に起きるものでしょ？

拓哉　奇跡は起きるんじゃなくて、起こすもの。彩が努力しなきゃ、レポートが１日で終わるなんて奇跡は無いってことだよ。あさってからの合宿、ちゃんと来いよ。

彩　あ、ちょっと！ …… あー、行っちゃった。

---

*合宿：サークルや部活、研究室において、同じ施設に数日間、寝泊（ねとま）りしながら練習や活動を行うこと。親睦（しんぼく）を深めるためでもある。

タスク

日本の漫画、アニメ、小説、ドラマなどから日本社会や日本文化を感じたことがありますか。振り返ってみましょう。

① その中で印象に残っているものは何ですか。隣の人と話してみましょう。

② ①で話したことは韓国の社会や文化と比べて、似ているでしょうか、それとも違うでしょうか。その類似点・相違点について、隣の人と話してみましょう。

コラム

漫画からアニメやドラマへ

近頃、アニメやドラマ、映画などにおいて、原作が漫画であるものが数多く見られます。『新世紀エヴァンゲリオン』もその一つです。このように漫画などの原作があり、それがアニメになったり、映画になったりすることは、「アニメ化される」「映画化される」といいます。以下の作品は、日本国内でも有名ですし、海外でも広く知られています。原作の漫画とアニメ・ドラマ・実写映画になったものとを比較し、違いを見つけるのも面白いでしょう。

作品名（漫画）	アニメ化	ドラマ化	実写映画化
NARUTO —ナルト—	○	−	−
名探偵（めいたんてい）コナン	○	○	−
ハチミツとクローバー	○	○	○
のだめカンタービレ	○	○	−
花（はな）より男子（だんご）	○	○	○
NANA	○	−	○
DEATH NOTE（デスノート）	○	−	○
20世紀少年	−	−	○
ごくせん	○	○	−
山田太郎（やまだたろう）ものがたり	−	○	−
テニスの王子様	○	−	○

ウォームアップ

「あなたにとっての幸福」とはどんなものでしょうか。どんなものに対して、どんな時に「幸福」と思うのでしょうか。それぞれ考えたことを話してみましょう。

読む前に

① 宮沢賢治はどんな学問を学びましたか。

② 宮沢賢治の作品の真髄はどこにありますか。

③「イーハトーブ」は、どんな場所ですか。その内容を表す一文を抜き出しましょう。

宮沢賢治（みやざわけんじ）（1896〜1933）
詩人・童話作家。代表作は、詩『春と修羅』『アメニモマケズ』、童話『銀河鉄道の夜』『注文の多い料理店』など。

文学

理想郷からの愛のメッセージ

世界全体が幸福にならない限りは、個人の幸福はありえない。

07

文学　理想郷からの愛のメッセージ

CD1・21

宮沢賢治は、日本で最も愛されている童話作家であり、詩人である。彼の故郷である、岩手県花巻には、彼の名にちなんだ多くの店があり、賢治の名を冠したバスが街路を走っている。単に作家として著名な人物ならば、夏目漱石、森鴎外、川端康成、村上春樹など枚挙に暇がない。しかし、多くの人からこれほど親し**げ**にその名を呼ばれる作家は、賢治**をおいて**そうはいないだろう。

賢治はその生涯のほとんどを故郷の岩手県で過ごした。彼の生家は裕福な質屋であったが、その土地の農民たちは貧しい暮らしをしていた。そのため彼は、「自分の豊かな生活は、貧しい人々から搾取した富に支えられているのではないか」と思い悩んだ。そうした苦悩に加え、仏教徒としての使命感——彼は熱心な日蓮宗徒だった——に駆られて、❶彼は生涯にわたって農民の生活を改善するための活動に身を捧げた。農学を学んだだけでなく、あらゆる科学、哲学、芸術を貪欲に吸収し、その知識を農民たちの生活に生かすために講義をしてまわった。「世界全体が幸福にならない**限りは**、個人の幸福はありえない」という言葉は、そうした活動の中で育まれた、人々の幸福を願う彼の思いの結晶である。

賢治の作品は没後70余年を経た今日に至っても、その魅力を失っていない。それ**どころか**ますます人気を増している。『銀河鉄道の夜』や『風の又三郎』、『グスコーブドリの伝記』など、❷彼の書き残した作品はいまや日本の童話のスタンダードとして、子供ばかりでなく大人にも愛されている。リズミカルな文体の上に歌や楽器といった音楽的要素がちりばめられ、科学用語が多用されるのが魅力だが、賢治の作品の真髄は、物語を貫く自己犠牲の精神や倫理的な問いかけ、そして「異者」との交わりにある。『グスコーブドリの

● **日蓮宗**
日蓮を祖とする、日本の仏教のうちの1つ。

伝記』では、主人公は自然災害から人々を守るために、自らを犠牲にする。『銀河鉄道の夜』では、「ほんたうのさいはい(本当の幸い)は一体何だろう」という問いが主題となっている。また彼の多くの作品に、山男や狼、風の精、山猫といった自然からの異者が登場し、人間たちと交流している。

賢治の想像力が描き出そうとしたのは、「イーハトーブ」(「岩手」をエスペラント語風にしたもの)という名のひとつの理想郷である。そこでは、農民たちと自然からの異者たちが共存している。物語の中で彼らを結び付けているのは、科学や音楽の力であり、人々の「ほんたうのさいはい」を求め続けた賢治自身の思いである。賢治の眼差しは常に、農民が芸術や科学を介して自然と結びつく、この理想郷に注がれていた。そして、科学と自然が調和を失って対立し、他者との交わりもぎこちなくなった現代を生きる人々の心には、この賢治の理想が深く響くのである。「すべての生き物のほんたう(本当)の幸福をさがさなければいけない」(『手紙四』)という、万物に注がれた彼の愛は、今も人々の心に訴え続けている。

名言の出典：宮沢賢治『宮沢賢治全集』筑摩書房

ほんたうのさいはい(本当の幸い)
真の幸せのこと。「たう」「はい」は旧仮名遣いで、それぞれ「トウ」「ワイ」と発音する。

エスペラント語
ポーランドのザメンホフが考えた人工の国際語。

読解チェック

Q1

❶「彼は生涯にわたって農民の生活を改善するための活動に身を捧げた」とあるが、そうするきっかけとなったことは何か。二つ挙げなさい。

1　(　　　　　　　　　　　　　　　　　　　　　　　　　　　　　　)

2　(　　　　　　　　　　　　　　　　　　　　　　　　　　　　　　)

Q2

❷「彼の書き残した作品」とあるが、その特徴として正しいものには○を、誤っているものには×をつけなさい。

1　(　　)魅力的な部分は、科学用語だけを扱ってリズムを表現しているところである。

2　(　　)その内容の核となっているものは、自己犠牲や倫理的な問いかけなどである。

3　(　　)人間と、自然災害や動物といった異者との交わりを描いている。

Q3

本文の内容に最も合っているものを一つ選びなさい。

1　自然との関係が壊れ、他者との交わりもぎこちなくなった現代人にとって、理想郷がよりどころである。

2　宮沢賢治は夏目漱石や川端康成とならんで、小説家として有名である。

3　『銀河鉄道の夜』や『風の又三郎』は、子供には大変人気のある作品である。

4　宮沢賢治は、自分が得た知識を農民に伝えながら、人々の幸福を願い続けていた。

語彙・表現ボックス

日本の名言

- ちなむ　연유하다, 관련되다
- 冠(かん)する　(칭호 등을) 붙이다, 씌우다
- 街路(がいろ)　가로, 거리
- 枚挙(まいきょ)　하나하나 셈
- 生家(せいか)　생가
- 質屋(しちや)　전당포
- 搾取(さくしゅ)する　착취하다
- 富(とみ)　부, 재산
- 苦悩(くのう)　고뇌
- 使命感(しめいかん)　사명감
- 駆(か)る　마음을 사로잡다, 달리다, 몰다
- 生涯(しょうがい)　생애
- 身(み)を捧(ささ)げる　몸을 바치다
- 農学(のうがく)　농학
- 貪欲(どんよく)に　탐욕스럽게
- 吸収(きゅうしゅう)する　흡수하다
- 生(い)かす　살리다
- 育(はぐく)む　기르다, 키우다
- 没後(ぼつご)　사후, 사망 후
- ～余年(よねん)　～여년
- ちりばめる　여기저기 박다, 새기다
- 多用(たよう)する　다용하다, 많이 쓰다
- 真髄(しんずい)　진수
- 貫(つらぬ)く　관철하다
- 自己犠牲(じこぎせい)　자기희생
- 倫理的(りんりてき)　윤리적
- 問(と)いかけ　질문
- 異者(いしゃ)　다른 사람
- 交(まじ)わり　사귐, 교제
- 主人公(しゅじんこう)　주인공
- 災害(さいがい)　재해
- 犠牲(ぎせい)にする　희생하다
- 理想郷(りそうきょう)　이상향
- 共存(きょうぞん)する　공존하다
- 結び付ける(むすびつける)　묶다, 연결시키다
- 眼差(まなざ)し　눈빛, 시선
- 他者(たしゃ)　타자, 다른 사람
- ぎこちない　어색하다
- 万物(ばんぶつ)　만물

日本の名言

語彙・表現を深める

冠する
ある名前や称号を持つ／冠をかぶる
サッカーの大会の中には、企業の名を**冠した**試合がよくある。

枚挙に暇がない
あまりに多くて、いちいち数え上げることができない
ビートルズの名曲といえば、**枚挙に暇がない**。

質屋
品物などを預かって、それを担保にお金を貸す店
かつては生活費が足りなくなると、宝石などを**質屋**に入れ、一時しのぎの金を得たものである。

身を捧げる
自分を犠牲にして、何かに尽くす
私の祖母は身体の弱い人たちを看病することに生涯**身を捧げた**。

没後
亡くなった後／死んだ後
先生の**没後**10年がたったが、まだ先生のことを時々思い出す。

ちりばめる
ところどころに配置する・散らす
姉はビーズが**ちりばめられた**ドレスを結婚式で着たいと思っている。

問いかけ
質問すること／問題をなげかけること
あなたのその難しい**問いかけ**に答えるのはなかなか大変だ。

異者
自分とは違うもの。ここでは、日常的には出会うことのない存在のこと
その物語は、怪獣という**異者**が人間の世界に現われるというものだった。

眼差し
視線／ものを見る目の表情のこと
自分と同い年で、非常に活躍している人には、尊敬の**眼差し**を向けたくなるものだ。

ぎこちない
動作や状態がなめらかではない
初対面の相手と話すときは、どうも**ぎこちない**しゃべり方になってしまう。

日本の名言

重要文法

～げ　～하는 듯이

主にイ形容詞に接続し、「完全ではないが、～という状態に近い」という意味を表す。また、感情を表す形容詞とともに用いると、外観から状態を推察する「～そうだ」の意味に近くなる。

- アパートの付近に、最近怪しげな男がうろうろしているのを見た。
- 彼女は悲しげにうつむいて、涙を浮かべていた。どうしたのだろうか。

～をおいて　～을 제외하고

「～を除いて(除くと)」という意味。「～をおいて…ない」という否定を伴った形で「～以外には無い」という意味で使うことが多い。

- 宮沢賢治の研究をするなら、A大学の文学部をおいて他にないと思います。
- 結婚するなら彼をおいて誰もいないと思ったことは、間違っていなかった。

～限り(は)　～하는 동안(에는), ~하는 이상, ~하는 한

「～の範囲／限界のうち」ということを表す。

- 二人が仲直りしない限り(かぎ)は、結婚の話は後にも先にも進まなくなってしまう。
- 台風が来ない限り、市民プールは大体毎日営業している。

～どころか　～는 커녕

「～はもちろん」「～ばかりではなく」の意味。

- 兄は、野球どころかキャッチボールも満足にできないくらいの運動音痴(おんち)だ。
- 彼はその車を、「高かったのでローンで買った」と言っていたが、私の給料からすれば、高いどころか一生かかっても買えない値段だ。

日本の名言

会話

＜カフェで本を読みながら＞ CD1・22

ジウ　期末テストが終わったから、今日はゆっくり本を読みたいな。

彩　最近、どんな本読んでるんですか。

ジウ　近代の小説。結構好きでね。韓国でも有名な川端康成（かわばたやすなり）を読むつもり。

彩　私は近代の作家だったら、宮沢賢治（みやざわけんじ）が好きですね。彼の「世界全体が幸福にならない限りは、個人の幸福はありえない」って名言に込められている考え方がいいと思うんです。川端康成以外に韓国で有名な日本人の作家っていますか。

ジウ　近代でいうと、夏目漱石（なつめそうせき）とか芥川龍之介（あくたがわりゅうのすけ）、現代なら村上春樹（むらかみはるき）とか吉本（よしもと）ばなな…… 江国香織（えくにかおり）なんかが有名だね。

彩　そうなんですか。日本の作品が結構知られているんですね。私はあんまり韓国の小説ってよく知らないなー。日本語に翻訳されている韓国の面白い本があれば何か紹介してくれませんか。

ジウ　私が好きな作家はコン・ジヨンという女流（じょりゅう）作家。『遠い空、近き海』という小説がオススメ。ほら、辻仁成（つじひとなり）は知ってるでしょ？ 二人の作家が一緒になって、韓国の女性と日本の男性の純愛（じゅんあい）を描いたものだよ。

彩　へー、そんなのがあったんですか。じゃあ、それ読んでみます！

タスク

あなたがこれまでに読んだ文学作品(韓国のものでも、日本のものでも良い)の中で、特に好きなものはありますか。その中で、印象に残った場面や言葉、表現を探し、それを紹介する文章を書きましょう。どうして印象に残ったのかも合わせて書きましょう。

作品名(韓国のものなら日本語訳を付ける)

印象に残った場面・言葉

印象に残った理由

ウォームアップ

「過去を振り返る」ということに関して、そのことがもたらす良い事と悪い事について話し合ってみましょう。

読む前に

① 寺山は、何の分野で作品を生み出しましたか。

② ハイセイコーはどのような活躍をしましたか。

③ 人々はハイセイコーから何を学びましたか。

寺山修司（1935〜1983）
詩人、歌人、俳人、エッセイスト、小説家、評論家、映画監督、俳優、作詞家、写真家、劇作家、演出家などとして活躍した日本の文化人。

文学

前を向いて夢を追い続けた男

ふりむくな　ふりむくな　後ろには夢がない

08

文学　前を向いて夢を追い続けた男

CD1・24

寺山修司が生前に何を成したのかを語るのは、極めて難しい。彼は演劇・映画・短歌・詩・評論・エッセーなど多方面で注目に値する作品を生み出し、いずれの分野にも計り知れない影響を与えた。本人は、「職業、寺山修司」というが、たしかにそれが一番適切な表現であろう。

1967年に「演劇実験室・天井桟敷」を立ち上げ、役者たちの演技経験よりも個性を重視した芝居作りは多くの人々に衝撃を与えた。唐十郎、佐藤信、鈴木忠志とともに「アングラ四天王」と呼ばれた寺山の演劇観は、海外では早くから高く評価されていた。当時の日本国内では異端視されてもいたが、現在では多くの寺山作品が日本各地で上演されている。

このように多岐にわたる活動を繰り広げた寺山がとりわけ愛したものに、ボクシングと競馬がある。ボクシングについては自らもジムに通っていたほどで、その熱い思いは、彼が作詞した『あしたのジョー』――当時の若い人々を熱狂させたボクシングアニメ――の主題歌に表れている。一方、競馬においても寺山は、自ら馬主になら**ずにはいられない**ほどの入れ込み**よう**であった。「ふりむくな　ふりむくな　後ろには夢がない」は、ハイセイコーという名馬を追悼した「さらばハイセイコー」という詩の一節である。

ハイセイコーは1972年に地方競馬でデビューしてから６連勝し、中央競馬入りをした。1974年12月15日の引退までの獲得賞金は、日本競馬史上初めて２億円を突破した。しかし中央競馬入り後、ビッグレースではほとんど優勝していない。ハイセイコーの前に立ちはだかったのはタケホープである。1973年5月27日の日本ダービーでは、ハイセイコーが圧倒的人気を得てい**ながら**、優勝はタ

● **短歌**
和歌の一形式で、五・七・五・七・七の五句体の歌のこと。

● **演劇実験室・天井桟敷**
寺山修司主宰の演劇グループ。1960年代後半から1970年代にかけて、小劇場ブームを巻き起こした。

● **アングラ**
アンダーグラウンドの略。世間で日の目を見ていない、前衛的な文化(サブカルチャー)の総称であり、日本では前衛芸術や実験芸術など革新的な前衛美術表現に代表される。

● **四天王**
ある分野における有力な四人組を指す言葉。

● **日本ダービー**
日本中央競馬会(JRA)が東京競馬場で施行する競馬の重賞競走。

ケホープ、ハイセイコーは3着であった。雪辱を期して出走した同年11月11日の菊花賞では、わずか3cm差の2着に敗れた。地方出身というハンディを背負い、何度戦っても勝てないという状況が「判官贔屓」の日本人の心情に響いたのであろうか、2000年に死去して以来、「偉大なる名馬、ここに眠る」と記された北海道新冠の墓には今も献花が絶えない。

時代の先に夢を見続けた男、寺山修司は、自分を含む多くの人々の人生の夢をこのハイセイコーに託した。その気持ちが「ふりむくな　ふりむくな　後ろには夢がない」に込められている。そして寺山は、それに続けて「ハイセイコーがいなくなっても　全てのレースが終わるわけじゃない」と書いている。人々はハイセイコーから、つねに前向きでいることを学んだのである。

名言の出典：寺山修司『馬敗れて草原あり』角川文庫

- **菊花賞**
日本中央競馬会(JRA)が京都競馬場で施行する競馬の重賞競走。

- **判官贔屓**
弱者や敗者に同情し、声援する感情のこと。

読解チェック

Q1 寺山が、「職業、寺山修司」と言っていたのはどのような事実からであるか。40字以内で本文中から抜き出して答えなさい。

____ことから。

Q2 寺山はボクシングと競馬を愛していたが、その根拠についてそれぞれ答えなさい。

・ ボクシング：（　　　　　　　　　　　　　　　　　　　　　　）

・ 競馬：（　　　　　　　　　　　　　　　　　　　　　　）

Q3 ハイセイコーについて、合っているものには○、合っていないものには×をつけなさい。

1 （　　）優勝しなくなったら、人々からの人気を失ってしまった。
2 （　　）中央競馬入り後は、大きなレースではほとんど優勝していない。
3 （　　）何度戦っても勝てないという状況が、人々の胸を打った。
4 （　　）死去してからは、すっかり忘れられてしまった。

Q4 本文の内容と合致しないものを一つ選びなさい。

1 寺山の演劇観は、日本国内で評価された後に海外で注目を集めるようになった。
2 「さらばハイセイコー」の詩には、多くの人々の人生の夢が託されている。
3 現在でも、寺山の作品の多くが人々に受け入れられている。
4 ハイセイコーはとても人気があったが、大きなレースではほとんど優勝できなかった。

語彙・表現ボックス

日本の名言

- 振り向くふりむく (뒤)돌아보다
- 生前せいぜん 생전
- 極きわめて 극히, 대단히
- 多方面たほうめん 다방면
- 値あたいする 상당하다, 가치가 있다
- 生み出すうみだす 만들어 내다, 낳다
- 計り知れないはかりしれない 헤아릴 수 없다
- 立ち上げるたちあげる (조직 등을 만들어) 활동을 시작하다
- 個性こせい 개성
- 異端視いたんしする 이단시하다
- 上演じょうえんする 상연하다
- 多岐たきにわたる 다방면에 걸치다
- 繰り広げるくりひろげる 펼치다, 전개하다
- 作詞さくし 작사
- 熱狂ねっきょうする 열광하다
- 主題歌しゅだいか 주제가
- 馬主ばぬし 말 주인, 마주
- 入れ込むいれこむ 몰두하다, 들여 넣다
- 追悼ついとうする 추도하다
- さらば 잘가요, 안녕
- 連勝れんしょう 연승
- 引退いんたい 은퇴
- 獲得かくとく 획득
- 史上しじょう (역)사상
- 突破とっぱ 돌파
- 立たちはだかる 가로막다, 막아서다
- 圧倒的あっとうてき 압도적
- 雪辱せつじょく 설욕
- 期きする 벼르다, 기약하다
- 出走しゅっそうする 경주에 나가다
- ハンディ 핸디캡, 장애, 불리한 조건
- 死去しきょ 사망, 죽음
- 名馬めいば 명마
- 記しるす 적다, 기록하다
- 献花けんか 헌화
- 絶たえる 끊어지다, 없어지다

日本の名言

語彙・表現を深める

生み出す

新しいものを作って世の中に出す／新しいものを作り出す

ゴッホは、後世(こうせい)に残る作品を数多く**生み出**(うだ)**した**。

計り知れない

想像できないほどとても大きい

先月日本列島を縦断(じゅうだん)した台風３号は、各地に**計**(はか)**り知**(し)**れない**被害をもたらした。

多岐にわたる

一つだけではなく、多くの物事にかかわる

一口に環境破壊といっても、その問題は**多岐**(たき)**にわたっ**ています。

繰り広げる

展開する

選挙前ということもあって、政治家たちは壮絶(そうぜつ)な論戦(ろんせん)を**繰**(く)**り広**(ひろ)**げた**。

入れ込む

一つの物事に夢中になる

学校の勉強に手がつかないほど、高木(たかぎ)君は模型作(づく)りに**入**(い)**れ込**(こ)**ん**でいる。

さらば

さようなら(別れのときのあいさつの一つ)

「**さらば**、ぜい肉！」と誓い、ダイエットを決意した。

立ちはだかる

じゃまをして、行こうとする道をふさぐ

親族(しんぞく)の反対など多くの問題が**立**(た)**ちはだかっ**ていたが、それを乗り越えて、両親は結婚したそうだ。

雪辱

勝負で負けたことのある相手に勝つことで、名誉を取り戻すこと

日本代表チームは前回の**雪辱**(せつじょく)を果たすべく、韓国代表チームとの一戦に臨んだ。

出走する

競馬などで馬がレースに出場する

次のレースに**出走する**(しゅっそう)ディープインパクトは、一番人気の馬です。

日本の名言 重要文法

～ずにはいられない／～ないではいられない ～하지 않을 수 없다

「～しなければならない」「～をがまんできない」という意味。

- 大好きだった彼女にふられてしまい、泣かずにはいられなかった。
- 懸賞で100万円が当たり、飛び跳ねないではいられないくらい嬉しかった。

～よう ～방법, 방식

動詞のマス形につき、動作の様子を表す名詞にする接尾辞(せつびじ)。「～方(かた)」。

- その企画に対する不満は分かるが、その言いように配慮がまったく感じられなかった。
- 彼のやりようは斬新(ざんしん)で、毎回驚かされる。

～ながら ～면서, ～지만

「～なのに／～であるにもかかわらず」という逆接を表す接続詞。

- 奥さんがいながら、彼は浮気相手と旅行に出かけてしまった。
- 推薦試験に合格していながら、就職するために、推薦を断ってしまった。

～て以来 ～한 이래

「過去のある一定の時から今日に至るまでずっと」という意味。

- 結婚して以来、夫婦で旅行に出かけたことが一度もない。
- 事故にあって以来、彼はすっかりサッカーをやめてしまった。

日本の名言

会話

<発表後> CD1・25

彩　昨日のゼミどうだった？ 発表だったよね。うまくいった？

ヨンハ　それがさ…… 全然駄目で、すごく落ち込んでるんだ。

彩　えー！ どうして。あんなに頑張って準備してたのに。何が駄目だったの。

ヨンハ　発表のレジュメに誤字脱字（ごじだつじ）が多くて、先輩たちに怒られた。先生の質問にもちゃんと答えられなかったし、緊張して、日本語が出てこなくて、言いたいことも言えなかったから……。もう、泣きそうだった。

彩　そっか……。でも、お疲れ様！ まあ、最初の発表は皆そんなもんだよ。これから頑張ればいいじゃん。

ヨンハ　はじめての発表にしても、あれはひどすぎだったよ。今も、あの時を思い出すと恥ずかしくてしょうがない。

彩　終わったことをいくら考えてもしょうがないでしょ。

ヨンハ　あ～最悪。話してたら、思い出してきちゃった。

彩　ほらほら、ふりむくな、ふりむくな、後ろには夢がないぞ。前に進め～！

これからいくらでも取り戻せるから！

タスク

隣の人とペアになり、本文の中にもう少し詳しく知りたいと思う事柄を選んで、調べましょう。600〜800字でまとめたものを次の授業で発表しましょう。
(例)「アングラ四天王」「あしたのジョー」「競馬」「ハイセイコー」「サブカルチャー」「判官贔屓」など…

コラム

「アングラ」という言葉

1960年代から70年代にかけて、欧米の国々と同様に日本でも、大学生を中心とする若者たちが活発な社会運動を行っていました。具体的には、アメリカの「ベトナム戦争」や大学の「管理教育」に対する反対運動などです。その根底にあったのは、伝統的な権威や国家権力に対する反抗、そして商業主義への疑問でした。

こうした運動は芸術の分野にも及んでいて、既存の価値観や美意識に対するアンチテーゼとして、実験的な創作活動が、様々なアーティストによって試みられました。例えば寺山修司が率いた劇団「天井桟敷」の作品の中には、奇抜な衣装をまとった俳優たちが、劇場を飛び出して街そのものを舞台として物語を演じるといったものもありました。「天井桟敷」の活動は今も、70年代アングラ文化を代表するアーティスト集団として記憶されています。

「アングラ」は英語の「アンダーグラウンド(underground)」の略で、「地下」を意味します。そして「アングラ文化」と言えば、未だ世間で日の目を見ない、前衛的な演劇・映画・絵画などの芸術文化を指しています。

かつては、最先端の若者文化を象徴する言葉だった「アングラ」ですが、現在では、麻薬の売買や違法ポルノのような有害な情報を扱うウェブサイトを「アングラサイト」と呼ぶように、ネガティブな意味で使われることが多くなっています。人々がかつてないほど「表現の自由」を謳歌している現代のインターネット社会にこそ、違法・有害な活動としての「アングラ」ではなく、文化の最先端としての「アングラ」を見出したいものです。

ウォームアップ

名言を読んでみましょう。この言葉は日本の映画『踊る大捜査線』に出てくる台詞です。次のことを想像してみましょう。誰が誰に向かって言っている言葉だと思いますか。この台詞が出る場面はどんな状況だと思いますか。この台詞を言っている人物はどんな性格を持っている人だと思いますか。自由に想像し、隣の人と話し合いましょう。

読む前に

この本文の内容は大きく以下の三つに分けて考えられます。それらに注目して読んでみましょう。

① 青島刑事がこの言葉を放った映画の状況を表す箇所を探してみましょう。

② このドラマは他の刑事ドラマとは違う点があります。それは何ですか。
警察組織が(　　　　　　　　　　　　　　　　)ではなく、
(　　　　　　　　　　　　　　　　)として描かれている。

③「大組織が陥りがちな過ち」とは何ですか。

踊る大捜査線

1997年に放送された警察署を舞台としたテレビドラマ。その人気から、放送終了後にも映画やスペシャルドラマが作られた。出演者は、織田裕二、柳葉敏郎、深津絵里など。

映画

現場と幹部との意識の差

事件は会議室で起きてるんじゃない、現場で起きてるんだ！

―青島刑事（『踊る大捜査線』より）―

説明

事件は、警察署の会議室に居て解決できるようなものではない。なぜなら、解決すべき問題は常に現場にあるのだから。

09

映画　現場と幹部との意識の差

CD1・27

この言葉は日本で1990年代後半に放映され、その人気の高さから現在も続編や番外編が作られているテレビドラマシリーズ『踊る大捜査線』の主人公、青島俊作刑事が言った言葉です。このシリーズの映画版第一作目で、警視庁副総監が誘拐され身代金を要求されるという事件が起きます。映画の終盤、青島刑事は事件の犯人と思われる青年を発見します。しかし、警視庁の幹部は青島刑事に犯人を確保させればよい**ものを**、「現場で待機せよ」と命令します。幹部達は事件解決を自分の手柄とせ**んがために**、自分の部下だけを現場に向かわせようとしていたのです。そうした警察組織内部のなわばり争いを無線越しに聞く**や**、青島刑事が放ったのが、この言葉です。

『踊る大捜査線』シリーズは、昔からある刑事ドラマとは一線を画すものです。それまで刑事ドラマと言えば、絶対的な正義である警察が存在し、視聴者は彼らがいかにして難事件を解決するかを見て楽しむ、という構図でした。しかし『踊る大捜査線』シリーズでは、警察組織の中央に位置する警視庁と現場に従事する警察署の対立という、警察組織内部の実情が描かれています。そこでは警察組織は絶対的な正義ではなく、内部に様々な対立や矛盾を抱えた人間組織として存在しています。青島刑事のこの言葉も、警察内部の「エリート」と「現場」の対立を浮き彫りにすると同時に、警察にとって一番大事なのは、今現場で起きている事件そのものなのだということを指摘する、非常に的確な言葉です。

青島刑事はドラマの中で、しばしば上司の命令に背き、処分を受けています。しかし一方で彼は、その豪胆な性格によって事件の解決に大きく貢献してもいます。彼は事件の解決のためには手段を問

● **警視庁**
東京都の各所にある警察署をまとめるところ。

● **無線**
無線通信の略。電波を利用して行う通信のこと。パトロールカー(パトカー)に装備されている。

いませんが、その大胆なやり方は、「手段」の形式的な正しさにこだわり過ぎて「目的」を達成できずに終わるという、大組織が陥りがちな過ちを我々に教えてくれます。それは警察だけの問題ではなく、国家や企業を含め、組織形態の**いかんによらず**当てはまる過ちだということは、言うまでもないでしょう。

ところで、「警察組織の内部そのものを、ドラマとして描く」というスタイルは、1980年代後半から1990年代前半にかけて制作された『機動警察(きどうけいさつ)パトレイバー』というアニメ(及び漫画)が元になっています。映画『踊る大捜査線』の監督である本広克行(もとひろかつゆき)が、『パトレイバー』のファンであり大いに影響を受けたと語っています。日本ではこのようにアニメでない映画でも、実は過去のアニメや漫画の影響を受けていることがあります。

名言の出典：『踊る大捜査線 the Movie ～史上最悪の三日間』

読解チェック

Q1 青島刑事は、どうして「事件は会議室で起きているんじゃない、現場で起きているんだ！」と述べたのか、最も適切なものを一つ選びなさい。

1　誘拐事件は会議室で起きたのだが、事件や事故が実際に起こった場所は「現場」と呼ぶので、呼び方を訂正したかったから。

2　上司達が事件の場所は会議室であると勘違いしており、間違いを指摘したかったから。

3　警察組織の幹部達が、自分達の利権争いばかり考え、現場を無視した命令をすることに反対したかったから。

4　犯人は青島刑事が発見したので、手柄を立てたかったのにもかかわらず、他の人間に邪魔されそうになったから。

Q2 青島刑事の台詞にある、「会議室」と「現場」との対立は何を示すか、答えなさい。

Q3 『踊る大捜査線』が描く内容は、これまでの日本の刑事ドラマとどのように異なっているか、それぞれの特徴をまとめなさい。

これまでの一般的な刑事ドラマ	
『踊る大捜査線』	

語彙・表現ボックス

日本の名言

- 番外編ばんがいへん 번외편
- 警視庁けいしちょう 경시청
- 副総監ふくそうかん 부총감. 군대, 경찰 등의 관직
- 誘拐ゆうかい 유괴
- 身代金みのしろきん 인질의 몸값
- 終盤しゅうばん 종반
- 幹部かんぶ 간부
- 確保かくほする 확보하다
- 待機たいきする 대기하다
- 手柄てがら 공적, 공로
- 内部ないぶ 내부
- なわばり 세력권
- 放はなつ (말을) 던지다, (빛을) 발하다
- 一線いっせんを画かくす 뚜렷하게 선을 긋다, 구분짓다
- 正義せいぎ 정의
- 視聴者しちょうしゃ 시청자
- 構図こうず 구도
- 従事じゅうじ 종사
- 実情じつじょう 실정
- 矛盾むじゅん 모순
- 浮き彫りうきぼり 뚜렷하게 보임, 부조(돋을새김)
- 的確てきかく 정확함
- 上司じょうし 상사
- 背そむく 거역하다, 어기다
- 処分しょぶん 처분
- 豪胆ごうたん 호담함, 대담함
- 大胆だいたん 대담함
- こだわる 구애되다
- 過あやまち 실수, 잘못
- 形態けいたい 형태
- 前半ぜんはん 전반

日本の名言

語彙・表現を深める

番外編
決まっている番組や番号以外のもの
放映された**番外編**は、サブキャラクターを中心とした構図になっていた。

身代金
誘拐犯が、誘拐された人質と引き換えに要求する金
被害者を守るため、警察は犯人の言うとおりに、莫大な**身代金**を払いました。

手柄
人からほめられるような仕事や働き
何もしないで、人の**手柄**を横取りする人間は最低です。

なわばり
行動範囲や勢力の範囲
サバンナの生態調査から、それぞれの動物の**なわばり**が分かった。

放つ
声・光などを発する
物語の終盤で、男性が**放った**一言によって女性は離婚を決意しました。

一線を画す
境界をはっきりつける
彼女はクラスの中で他の生徒とは**一線を画す**存在だ。ほかの誰よりも、頭の回転がよく、非常によく物事を知っている。

浮き彫り
物事をはっきりわかるように周辺から浮き立たせること
その映画は日本における「ワーキングプア」の深刻な問題を**浮き彫り**にした。

こだわる
その物事に深い思い入れを持つ
指摘されたことに背いても、**こだわり**すぎても、良い方向へ進まないだろう。

過ち
間違い／過失
大きな**過ち**になればなるほど、その報いも重くなるのだ。

日本の名言

重要文法

～ものを　～하련만, ～텐데

「～のに」と似た逆接の接続表現。「…ば～ものを」という形で、「…であれば～なのに、実際は」という意味で後悔の気持ちを込めて使われることが多い。

- 知っていたならば見舞いにも行ったものを、彼は誰にも病気で入院していることを伝えていなかったらしい。
- 失敗したことなんて忘れてしまえばいいものを、彼はいつまでもこだわっている。

～んがために　～하기 위해서

「～するために／～しようとして」ということを表す。話し言葉より書き言葉で使われる。

- 限定商品を買わんがために、早朝(そうちょう)から店の前に並んだ。
- 日本一周旅行をせんがために、毎月のバイト代は使わずに貯金する。

～や／～や否や　～하자마자

「AやB」「Aや否(いな)やB」の形で、Aをするかしないかの間に、Bの行動や動作が起こるという意味。

- 大好きな俳優の声を聞くや、妹はテレビにかじりついた。
- 火災警報を聞くや否や、彼は真っ先に外に飛び出した。

～いかんによらず　～여하에 관계없이

「～がどうであるかに関係なく」ということを表す。

- 参加費は、事情のいかんによらず返却いたしません。
- 我が校では、学習経験や能力のいかんによらず、全員が日本語能力試験を受験するように指導しています。

日本の名言

会話

＜ヨンハの家で『踊る大捜査線』を見て＞ CD1・28

*剛　いやー、良かったねー。見せてくれてありがとう。面白かったよ！

ヨンハ　うん。これ、一番好きな日本映画だから、楽しんでもらえてよかったよ。どこの場面が良かった？

剛　そうだね、アクションシーンもなかなかだったけど、やっぱり後半の「事件は会議室で起きてるんじゃない、現場で起きてるんだ！」って言うシーンには感動したね。

ヨンハ　あそこは話の*山場(やまば)だからね。あそこの*織田裕二(おだゆうじ)はかっこいいよね！

剛　俺も毎日会社で上司から、自分の担当している取引先(とりひきさき)との仕事について、とやかく言われてるからさ、なんだか共感しちゃったよ。

ヨンハ　やっぱり、現場にいる人間と、周りで見ている人間とでは感覚が違うからね。

剛　そうそう、何も知らないくせに、わかったような顔して指示してくるからさ、こっちは困っちゃうんだよ。こんど上司にいってみようかな。「仕事は会議室で起きてるんじゃない、現場で起きてるんだ」ってさ。

---

*剛：ヨンハの同級生。

*山場：物語などの中で最も重要な場面。

*織田裕二：『踊る大捜査線』で主人公の青島刑事を演じている役者。

タスク

社会や集団でのそれぞれの立場

組織に所属すれば、取りまとめる立場とそれ以外の立場のいずれかになることが多いでしょう。「まとめる立場」にも「それ以外の立場」にも、それぞれに苦労や不満があり、その一方でその立場にいることの良さもあるでしょう。これまでに所属した組織(クラブやサークル、アルバイト先、仕事など)での経験を、グループで話してみましょう。

① 経験したことはどんなことでしたか。

② どうやって解決したり、乗り越えたりしましたか。

③ まだ解決していなければ、グループの人はアドバイスをしましょう。

コラム

さまざまな「刑事ドラマ」

日本には警察を舞台としたさまざまな刑事ドラマがあります。ひと口に刑事ドラマと言っても、その内容は多岐に渡り、『踊る大捜査線』に代表されるような、事件そのものよりも警察内部の実情を描くいわゆる「職業物」と呼ばれるジャンルのほか、「チーム物」「推理物」「人情物」などが挙げられます。「チーム物」の見所は犯人との格闘や銃撃戦、爆破などの派手なシーンで、娯楽性が高いものと言えるでしょう。「推理物」は事件の犯人や犯行のトリックを推理するジャンルです。最近では『古畑任三郎』が記憶に新しく、ドラマの冒頭で犯人を視聴者に知らせ、そのトリックを推理させるという構成をとっています。「人情物」は犯罪捜査を通して、人間関係をめぐる情緒や心理が色濃く描かれるものです。また、重々しいテーマのドラマがはやらない最近では、コメディ・タッチの刑事ドラマも人気を集めています。

刑事ドラマはその性格上、殺人などの凶悪な事件を取り扱うことも多く、現実世界の犯罪増加につながるという考え方もあります。また、刑事ドラマで描かれる警察の姿は、必ずしも現実の警察の実態に沿っていないものもあり、警察に対して誤ったイメージが持たれたりすることもあるようです。刑事ドラマは人々の娯楽の一つとして根強い人気がありますが、その裏にはそうした弊害があることも心に留めておきたいものです。

ウォームアップ

もしあなたの人生の残り時間が分かったとしたら、今までの人生を振り返ってどのように感じるでしょうか。また、限られた時間をどのようにして生きていくでしょうか。考えて書き出してみましょう。

読む前に

① 『生きる』の主人公が死を意識したときに振り返った、彼の今までの人生の意味とはどのようなものであったでしょうか。

② 主人公のたどりついた「真理」とはどのようなものでしょうか。

③ 主人公が死を前にして取り組んだ活動は何ですか。

10

黒澤明（くろさわあきら）（1910～1998）

映画監督。世界的にもその名が知られている日本映画界の巨匠。「世界のクロサワ」とも。

映画

「死」に学ぶ人生の意味

不幸には立派な一面がある。不幸は人間に真理を教える。

―映画『生きる』より―

映画 「死」に学ぶ人生の意味

CD2・02

1953年、黒澤明監督の映画『生きる』が上映された。ある市役所で市民課長を務める❶主人公の渡辺は、雑務に追われるばかりの日々を過ごし、ただひたすらに機械的な「役人仕事」をこなすだけの人生を送ってきた。彼の人生は、いわば自分自身の内に向って狭く閉ざされており、真の意味で「生きる」とはどういうことなのかを考えたこと**すら**なかった。

だが彼はある時、自分が末期の胃癌に侵されているということを知らされ、それをきっかけに自分の人生の意味を問い始める。問い始めてみると、それはいかにも殺伐としていて、無意味で、人間的な豊かさからは程遠い人生であった。病魔によって短く縮められた己の人生の空虚さに絶望していたところで、渡辺はある小説家に出会う。小説家は彼に、「不幸には立派な一面がある。不幸は人間に真理を教える」と言った。渡辺にとって、胃癌という不幸によって教えられた「真理」があるとすれば、それはいったい何だったのか。

妻はずいぶん前に他界しており、手塩にかけて育てた一人息子は結婚して自分とは疎遠になってしまっていた。渡辺は全くの孤独の中にいた。パチンコ店や盛り場に入り浸って遊蕩**の限りを尽くし、**快楽に溺れてみたこともある。しかし、放蕩が彼の人生の空虚さを埋めてくれることはなかった。

苦しみ抜い**た末に**渡辺は、彼にとっての「真理」とは、自らの日常の仕事を通じて、何かこの世に残すべきものを作り上げることではないかと思い至った。「役人」を天職となし、市民たちの陳情や希望**にこたえて**形にすること。そう考えて彼が目標に据えたのは、市民が憩う「公園」を作ることだった。死ぬまでの５ヵ月間、彼は文字通り死に物狂いで活動し、時に人々に助けられ、時に公園建設に反対する団体の圧力に耐えながら、ついに公園を完成する。内向きに閉ざされていた渡辺の人生が、初めて彼を取り囲む人々に向けて、つまり「公」に向けて開かれた瞬間だった。そして彼は後日、自分の手で作り上げた公園で、行き倒れるようにして死んでいるのを発見されるのである。

我々は皆、死ぬ。しかしその事実はたやすく受け入れられるものではない。我々は「命は短い」という不幸な事実を受け入れて、この短い生命を支配する「真理」を学ぶことができるだろうか。

この作品の言葉には、戦後日本で流行したK.ヤスパースらの❷「実存哲学」の響きがある。それは、自らの死という「限界状況」に直面して、本来の自己とは何なのかを問う哲学である。そしてその哲学は、内省にのみ留まるものではない。ヤスパースの弟子であるH.アーレントは、人々の間で、つまり「公」的な場所で繰り広げられる「活動」こそが、人生に意味を与えることができるのだと言っている。この映画で渡辺が「死」という不幸に直面して学んだ真理とは、このことだったのではないだろうか。

名言の出典：黒澤明『生きる』(1953年)

読解チェック

日本の名言

Q1

❶「主人公の渡辺（わたなべ）」について、正しいものには○、間違っているものには×をつけなさい。

1　（　　　）市役所では、機械的に仕事をこなすだけの毎日を送っていた。
2　（　　　）家族はいないわけではないが、離れ離れになり、１人で暮らしている。
3　（　　　）ギャンブルや酒に溺れることが彼の人生の大きな糧となった。
4　（　　　）真理を悟った後は、今まで十分できなかった外向きの仕事に必死に取り組んだ。

Q2

公園を作ることを通して、渡辺の人生はどのようになりましたか。

Q3

❷「実存哲学」についての以下の文章の空欄に語句を入れ、完成させなさい。

「実存哲学」とは、(❶　　　　　　)を目の前にした時に、本当の自分は何であるのかということを問う哲学である。(❷　　　　　　)のこの考え方は、(❸　　　　　　)だけに留まるわけではない。また、(❷　　　　　　)の弟子のアーレントは、人が生きていくことに意味を与えるものは、(❹　　　　　　)な場所で行う(❺　　　　　　)であると言った。

語彙・表現ボックス

日本の名言

- 真理しんり　진리
- 上映じょうえい　상영
- 雑務ざつむ　잡무
- ひたすら　오로지, 한결같이
- こなす　해내다
- 閉とざす　닫다, 잠그다
- 胃癌いがん　위암
- 侵おかす　침범하다, 침해하다
- いかにも　정말로, 매우
- 程遠ほどとおい　거리가 멀다, 차이가 많다
- 病魔びょうま　병마
- 己おのれ　자기자신
- 空虚くうきょさ　공허함
- 絶望ぜつぼうする　절망하다
- 他界たかい　타계
- 手塩てしおにかける　손수 돌보다
- 疎遠そえんになる　소원해지다
- 盛り場さかりば　번화가
- 入り浸るいりびたる　빈번히 가다, 그곳에 틀어박혀 지내다
- 遊蕩ゆうとう　유탕, 방탕
- 快楽かいらく　쾌락
- 溺おぼれる　빠지다, 열중하다
- 放蕩ほうとう　방탕
- 苦しみ抜くくるしみぬく　몹시 고생하다
- 作り上げるつくりあげる　만들어내다, 완성하다
- 思い至るおもいいたる　생각이 미치다
- 天職てんしょく　천직
- 陳情ちんじょう　진정(실정을 털어놓고 말함)
- 据すえる　설치하다
- 憩いこう　쉬다, 휴식하다
- 死しに物狂ものぐるい　필사적임
- 圧力あつりょく　압력
- 内向うちむき　내향, 안쪽으로 향함
- 取り囲むとりかこむ　둘러싸다, 에워싸다
- 公おおやけ　공공, 사회, 세상
- 後日ごじつ　후일
- 行き倒れるいきだおれる　지쳐 쓰러지다
- たやすい　손쉽다, 용이하다
- 受け入れるうけいれる　받아들이다
- 直面ちょくめん　직면
- 自己じこ　자기
- 内省ないせい　내성, 반성
- 弟子でし　제자

日本の名言

語彙・表現を深める

こなす

与えられた仕事などを上手く処理する

私は違うが、何でも完璧に**こなさなければ**ならないと気がすまないタイプの人もいる。

侵す

病気が身体に害を及ぼす／他者の権利を損なう行為をする

このウイルスに**侵(おか)されて**も、身体の調子が悪くなるのは遅いので、症状(びょうじょう)が出る前に予防接種(せっしゅ)を受けてください。

いかにも

本当に／まさにその通りである

隣のおばさんは高級車に乗り、洋服もブランド物ばかりで、**いかにも**金持ちといった感じだ。

程遠い

(距離や状態、時間などにおいて)隔たりがかなりある様子

今の生活は理想とは**程遠(ほどとお)い**質素なものだが、とても幸せだ。

手塩にかける

自ら世話をし、育てる

手塩(てしお)にかけて作られたキムチは絶品(ぜっぴん)だ。

盛り場

飲食(いんしょく)店や商店が立ち並び、人が多く集まるにぎやかな場所

毎晩**盛(さか)り場(ば)**をうろついては、酒をあおるような生活をしていた。

入り浸る

(いつもいる場所から離れて)ある特定の場所に通いつめたり、居続けたりする

子どものころ、いつも友達の家に**入(い)り浸(びた)って**は、ゲームで遊んだり、漫画を読んだりしていた。

遊蕩

酒や女遊びにふけり、生活がだらしないこと

息子の**遊蕩(ゆうとう)**生活は一向に変わらず、とうとう嫁は見切(みき)りをつけて出て行ってしまった。

苦しみ抜く

最後まで苦しむ

苦(くる)しみ抜(ぬ)いて下(くだ)した決断は、会社を辞めることだった。

思い至る

考えをめぐらし、結論や結果にたどり着く

妻と母との仲は良いとは言えないが、考えに考えた末、両親と同居することに**思い至**った。

陳情

目上の人や政治家、公的機関などに、実情を訴えて、それに善処してくれるよう頼むこと

高層ビル建設中止を求める**陳情**書を、建設会社と持ち主に提出した。

憩う

休む／休息する(名詞は「憩い」)

チョンゲチョン(清渓川)は、ソウル市民が**憩う**場所として有名です。

死に物狂い

必死になって奮闘すること

母は**死に物狂い**で働き、女手一つで私たち兄弟を育ててくれました。

内向き

内側の方へ向いていること

いつも「**内向き**に考えがちで、視野が狭いぞ」と上司にしかられる。

たやすい

簡単に何かをやることができる様子

環境問題をどうにかしようと言うことは、**たやすく**言えても実際に行動に移すのは難しい。

重要文法

～すら　～조차

「～さえ」とほぼ同じ意味を表す。

- 最近はパソコンで文書を作成するようになったため、若い人は手紙**すら**満足に書けない。
- 砂漠化を完全に止める方法について、見識(けんしき)のある学者で**すら**なかなか解答を出せないでいる。

～の限りを尽くす　온갖 ～를 다하다

「～に関することをすべてやり尽くす」という意味。

- 上手く逃げながら、悪**の限りを尽くして**いた男が、ようやく逮捕された。
- 最終審査で落ちてしまったけれど、自分の持つ力**の限りを尽くした**ので、悔(く)いは無い。

～の末(に)／～た末(に)　～한 끝에

「長い間～し、最後に」ということを表す。

- 議論**の末**、最終的に今年度の委員長には彼が就任することになった。
- 何年も悩み続け**た末に**、ようやく転職する決意をした。

～にこたえて　～에 부응하여

「他人の期待や依頼を受け入れて、それに沿うように(行動する)」ということを表す。

- 周囲からの期待**にこたえて**、将棋の大会に参加したが、さんざんな結果に終わった。
- 母は家族からのリクエスト**にこたえて**、今日の夕食はカレーライスにすることにした。

日本の名言

会話

＜彩が髪を切った翌日＞ CD2・03

ジウ　あれー、髪切ったんだ。

彩　わー！！ 見ないで、見ないで！！

ジウ　どうして？ 似合ってるじゃん、その短い前髪とか。

彩　それを言わないでー！！ 一番気にしてるんですから、前髪。もう、ホント不幸のどん底にいるって感じですよ。

ジウ　そんなに重く考えなくても……。どうせ、すぐ伸びるって。

彩　先輩、他人事みたいに考えないでくださいよ。

ジウ　そんな不幸と思わなければいいじゃない。「不幸には立派な一面がある」っていう言葉もあるんだから。

彩　この前髪が立派だっていうんですか。

ジウ　んー……、こんなふうに短くなることを、何かの転機と思う、髪形を変えるチャンスなのかもしれないと考えてみたら？ 前髪だって、立てちゃえば、逆にかっこよくなると思うしね。

タスク

良くない出来事が起こったとき、どのような方法で対処し、解決したり、立ち直ったりしていますか(例えば、レポートの締切に間に合いそうも無い時や、大切なものを無くしてしまった時など)。実際にしたことを思い出し、クラスで話し合ってみましょう。

ウォームアップ

あなたの身の回りに、日本の電化製品はありますか。それぞれ一つずつ挙げてみましょう。そして、クラスで出し合ってみましょう。

読む前に

① 盛田はどんな仕事をした人でしょうか。

②「ウォークマン」は人々にどのような影響を与えましたか。

③ 盛田が会社を経営していく中で実際に行った戦略は、具体的にどのようなものですか。二つ探しましょう。

盛田昭夫（もりたあきお）（1921～1999）

日本の技術者、実業家。ソニー創業者の一人。

11

経営者

「新しい生活」を生み出した、積極果敢の精神

とにかく思い切ってやってみようじゃないか。
失敗したらまた変えるのだ。

経営者 「新しい生活」を生み出した、積極果敢の精神

CD2・05

- **技術中尉**
軍隊の役職・階級のひとつ。

- **トランジスタ**
(transistor)
かつて電子回路に使われていた部品のひとつ。

- **コンセプト**
(concept)
考え方、概念。

- **ライフスタイル**
(lifestyle)
生活様式、暮らし方。

盛田昭夫(もりたあきお)は、愛知県(あいちけん)にある老舗(しにせ)の造酒屋(つくりざかや)の長男として生まれた。酒造業(しゅぞうぎょう)の跡取(あとと)りとしての教育を受けながらも、彼は第八高等学校(現名古屋(なごや)大学)を経て、大阪帝国(おおさかていこく)大学(現大阪大学)物理学科へと進学してゆく。24歳で海軍(かいぐん)技術中尉(ちゅうい)となり、陸海軍(りくかいぐん)と民間の技術者によって結成された「戦時科学技術研究委員会」に参加。この委員会で、後にソニー設立のパートナーとなる井深大(いぶかまさる)と出会うことになる。終戦後、東京通信工業株式会社(とうきょうつうしんこうぎょうかぶしきがいしゃ)(現ソニー株式会社)を井深とともに設立。当初はテープレコーダーの製造を手がけており、後には高度な物理学、化学などの知識と技術を駆使(くし)して、トランジスタの開発で大成功を収めた。

1979年、ソニーは「ウォークマン」を発売した。当時は「音楽」といえば、コンサートホールや飲食店のように人の集まる場所でなければ、部屋の中に据え置いたプレーヤーで楽しむものと決まっていた。その固定観念を打ち壊すべく登場したのが、コンパクトでどこへでも持ち運べる「ウォークマン」である。

日常生活のあらゆるシーンに音楽を持ち込むという、全く新しい音楽の楽しみ方を提案したソニーは、ひとつの「商品」というよりも、ひとつの「コンセプト」あるいは「ライフスタイル」を売ったのである。今でこそ、「iPod」を筆頭(ひっとう)に携帯オーディオは多くの人々の生活に必需品として溶け込んでいるが、当時はかなり革命的な試みであった。「ウォークマン」が成功を収めたことによって、現在まで続くひとつの新しい市場が、そして新しい生活が誕生したのである。

一方、商品の流通・販売戦略にも彼ら独自の手法があった。ソニーは、1960年にアメリカの市場に進出することになった。日本企業が海外に商品を輸出しようとする場合、商社や貿易会社を通じて販

売ルートを確保するのが普通である。しかし、他人の手を通した売り込みには、商品の真の魅力を伝え**きれない**という**きらいがある**ため、当初から盛田自身が渡米し、直接商談に乗り込んでいった。商品の説明をするのなら、しかも全く斬新な商品を売り込むのであれば、それを開発した技術者自身に勝る者はいないというわけである。

盛田は、国内だろう**と**海外だろう**と**、他人と同じやり方では絶対に経営競争に勝てないと考えていた。常識にしたがって無難に収めた経営をするのではなく、リスクがあっても自分が正しいと思ったことは即座に実行する。もちろん、果断な実行力が成功ばかりをもたらすとは限らなかった。しかし彼の思想は、「新しいことは常にソニーが始めなければならない」という社風として現在に至るまで定着しているし、そのソニーは今や世界的ブランドにまで成長した。

盛田は言う、「とにかく思い切ってやってみよ**うじゃないか**。失敗したらまた変えるのだ」と。ソニーの真骨頂は、この創業以来の積極果敢の精神にあるのである。

名言の出典：盛田昭夫研究会編『盛田昭夫語録』小学館

読解チェック

Q1 本文の内容に合っているものを一つ選びなさい。

1　盛田と井深は、学生時代からの付き合いである。
2　盛田は、成功した人の真似さえすれば自分も成功できると考えていた。
3　盛田が考えたことを実行しても、いつも成功するとは限らなかった。
4　ソニーは日本の大企業であるが、他の国の人々にはあまり知られていない。

Q2 1960年にアメリカ市場に進出することになった際、商品の流通・販売戦略について、盛田の独自の手法とそのように考えた理由についてまとめなさい。

・手法：

・理由：

Q3 ソニーの社風は、盛田のどのような思想から生まれたものであるか、適当なものを一つ選択しなさい。

1　他人と同じことをやっていては競争に勝てないが、失敗の恐れが少しでもあるならば別のやり方を探るべきだ。
2　他人と同じことをやっていれば、多少の失敗の恐れがあったとしても、自分の信じる道を進むことができる。
3　他人と同じことをやっていては競争に勝てないので、多少の失敗の恐れがあったとしても、自分の信じる道を進むべきだ。
4　失敗せずに生きるためには、他人と同じことをやるのが一番である。

語彙・表現ボックス

日本の名言

老舗しにせ	오래된 점포
造酒屋つくりざかや	양조장
酒造業しゅぞうぎょう	주조업, 양조업
跡取あととり	상속자, 후계자
海軍かいぐん	해군
中尉ちゅうい	중위
陸海軍りくかいぐん	육해군
結成けっせいする	결성하다
当初とうしょ	당초, 최초
手てがける	손수 다루다, 직접 하다
駆使くしする	구사하다
開発かいはつ	개발
飲食店いんしょくてん	음식점
据え置くすえおく	그대로 두다, 설치해 두다
固定観念こていかんねん	고정관념
打ち壊すうちこわす	부수다, 때려 부수다
持ち運ぶもちはこぶ	운반하다, 들어 나르다
筆頭ひっとう	필두
携帯けいたい	휴대
必需品ひつじゅひん	필수품
革命的かくめいてき	혁명적

試こころみ	시도, 시험
市場しじょう	시장
流通りゅうつう	유통
戦略せんりゃく	전략
独自どくじ	독자
手法しゅほう	수법, 기법
進出しんしゅつする	진출하다
売り込みうりこみ	판매
渡米とべい	도미, 미국으로 건너감
商談しょうだん	상담
乗り込むのりこむ	들어가다, 몰려가다
斬新ざんしん	참신함
無難ぶなん	무난함
即座そくざに	즉석에서, 당장
果断かだん	일을 딱 잘라서 결정함, 과단성이 있음
もたらす	초래하다, 가져오다
社風しゃふう	사풍, 회사의 기풍
定着ていちゃくする	정착하다
真骨頂しんこっちょう	참모습, 진면목
創業そうぎょう	창업
果敢かかん	과감함

日本の名言

語彙・表現を深める

跡取り

家や仕事を受けつぐこと。また、その人。あとつぎ。

職人の持つ伝統的な技術は未来に残したいが、なかなか**跡取り**になる人がおらず、状況は厳しい。

据え置く

人やものを決まった場所に置く

今までガスコンロを使っていた場所に**据え置ける**タイプのIHクッキングヒーターは、世代を問わず人気があります。

打ち壊す

すでに出来上がっている考え方や計画をくつがえす／たたいて壊す

伝統文化と近代技術を融合させた彼の新作は、これまでの日本映画のイメージを**打ち壊す**斬新なものであった。

持ち運ぶ

ものを持ってほかの場所へ移動する

キャスターがついているスーツケースは重い荷物を**持ち運ぶ**のにとても便利です。

売り込み

商品を買わせる努力をすること

セールスマンは、自社製品のアピールポイントを把握して、**売り込み**の際にはそれを的確に伝えなければならない。

乗り込む

敵や相手方の領域に勢いよく入っていく

サッカー部の選手たちは、皆の気持ちを一つにして敵のホームグラウンドに**乗り込ん**だ。

果断

物事を思い切って行う様子／決断力のあるさま

国民は理想論を唱えるだけではなく、**果断**な行動力を持った政治家を求めている。

真骨頂

そのものが本来もっている姿

田中さんは普段は冴えない社員であるが、会社の運動会では元陸上部の**真骨頂**を発揮した。

日本の名言 重要文法

～きる／～きれない 완전히 ~하다/다(완전히) ~할 수 없다

「完全に～してしまう／完全に～できない」ということを表す。

- 「全力を出しきっての銅（どう）メダルだったので、悔いはありません」と、その選手はインタビューに答えた。
- 結果は２位であったが、そのコンクールで優勝するという目標は諦めきれないため、１年後に向けて決意を新たにした。

～きらいがある ~하는 (좋지 않은) 경향이 있다

「～というよくない傾向がある」ということを表す。

- 豊かな社会に育った世代には、少しでも汚れたり不要になったら、まだ使えるものであってもすぐ捨ててしまうというきらいがある。
- この教科書は、高校の授業で使うには難しすぎのきらいがある。

～と／～が ~든(지)

「～であっても／～しても関係ない」ということを表す。

- 彼は、年上（としうえ）だろうと年下（としした）だろうと、年齢に関係なく人と対等に関係を築くことができる。
- どんなに失敗をしようが、自分の信念を貫き通せば、いつかは夢を叶えることが出来ます。

～うではないか／～うじゃないか ~하자

勧誘の表現。書き言葉で用いることが多い。

- 今夜は日が昇るまで、語り明かそうではないか。
- そんなに卓球（たっきゅう）に自信があるのなら、一度対戦してみようじゃないか。

日本の名言

会話

<ヨンハが日本に来る前のエピソード(電話でのやりとり)> CD2・06

ヨンハ　もしもし、あ、拓哉さん？ 韓国のヨンハです。こんばんは。

拓哉　おお、どうしたんだよ、突然。こんな夜中に。

ヨンハ　ちょっと相談したいことがあって…… 実は今、日本への留学をやめようかと思ってるんです。

拓哉　どうした。何か問題でも起きた？ ずっと前から留学するって決めてたよな。

ヨンハ　はい……。日本語を勉強してから電化製品開発に関する技術を身につけたいと思っていたのですが、金銭的な問題や、勉強してきたことが実を結ぶかどうか不安で……。留学したところで、将来的に良い仕事につけるかどうか……。

拓哉　そうか。色々悩んでいるんだな。確かに、お前の気持ちが分からないこともないな。でも、心配したらキリはないし、やってみないと何も始まらないよ。電化製品開発のことをやるんだったら、ソニーの設立者くらい知ってるだろ？

ヨンハ　ああ、盛田っていう人と、井深って人ですね。

拓哉　そうそう。盛田昭夫は「とにかく思い切ってやってみようじゃないか。失敗したらまた変える」っていう言葉を残したんだって。お前もそういう考えでやってみたらどうかな。

ヨンハ　なるほど、それは説得力のある言葉ですね。まだまだ先は長いので、その気持ちで頑張ってみることにします。

タスク

新しいことに挑戦するときには、心配したり迷ったりすることも多くあるでしょう。周囲にそのような人がいるとき、あなたならなんと言って励ましますか。韓国語や日本語の名言を調べ、そのようなものを紹介しあってみましょう。

ウォームアップ

あなたは、自分の「持ち味」は何だと思いますか。それをどのような分野や場所で生かすことができるでしょうか。

読む前に

① 松下はどのような境遇を経て、事業を起こしましたか。

② 松下の経営哲学とはどのようなものでしょうか。

③ 松下は「枠」をどんなものだと考えていますか。

12

松下幸之助（1894〜1989）

実業家。松下電器産業（現 Panasonic）の創業者。政治家の育成なども行っていた。

経営者

人間の持ち味を生かした経営

人間はみな持ち味が違う。ワクをはめたらその人の持ち味が消える。

経営者　人間の持ち味を生かした経営

CD2・08

松下幸之助は、日本を代表する起業家であり経営者である。松下電器産業を一代で築き上げ、財界人として政治家の育成や社会貢献に尽くした。彼は、生まれつき豊かな境遇に恵まれたのでも、学歴によって認められたのでもなかった。小学校を４年で中退し、９歳にして丁稚奉公に出る。23歳のとき、たった３人で電球のソケットを開発する事業を起こした彼は、発明の才に富み数々のヒット商品を生み出すとともに、群を抜く商才を発揮して商売を拡大していった。松下電器産業は、世界的な家庭用電気製品メーカーに成長していく。それは、日本経済成長の典型だった。

- **丁稚奉公**　幼いときに、商人や職人の家で働くこと。

「人間はみな持ち味が違う。ワクをはめたらその人の持ち味が消える」は、松下幸之助の経営哲学を語ったものの一つである。

日本人は横並び意識が強いと言われるが、それは「凡庸な日本人」のことだ。努力や冒険をする気がないのなら、人と同じように生きるのが無難だろう。しかし、幸之助のような人物にとって、人と同じに生きる**など**耐えられないものであったことは想像**にかたくない**。

- **横並び意識**　皆が同等の地位に立っているべきだという意識。

その思いは、経営者として人を使う場合にも同じであったろう。枠をはめて同じにした横並びの人材では、現状は維持できても、常に成長を目指す幸之助には物足りなかった。同じ形の歯車の組み合わせでなく、違った形のさまざまな歯車を組み合わせてこそ、新しい独創的な回転は生まれる。人間(組織を形成する歯車)はみな持ち味(独自の形状)が違う。❶枠をはめたら(無理に同じにしたら)効果がなくなるというのである。

❷幸之助に続く世代の経済人はそうでなかった。小成に甘んじる経営者たちは、枠にはまった従順な社員を求めるようになる。も

のを生産するのでなく、利殖（りしょく）や投機（とうき）で資産を殖やそうとする下卑（げび）た経営はバブル経済とその崩壊を招く。そこから再び前向きに進むため、枠をはめずに一人一人の持ち味を伸ばそうとする教育への転換が図られた。これがいわゆる「ゆとり教育」である。

幸之助が存命（ぞんめい）なら、強く支持してくれたことだろう。だが、「バブルの夢よ、もう一度」**とばかりに**アメリカ型経営に走る現在の経済人たちには、その価値は理解不能のようだ。幸之助が作った出版社でありシンクタンクであるPHP研究所が「ゆとり教育」批判の旗頭（はたがしら）となってしまう**とは**、❸なんとも皮肉なことである。

名言の出典：松下幸之助『松下幸之助 日々のことば 生きる知恵・仕事のヒント』PHP研究所

● ゆとり教育
小学校や中学校、高校において、詰め込みによる授業をするのではなく、子供たちの多様な能力を伸ばすことを目指す教育理念。

● PHP研究所
松下が設立した研究所で、書籍の出版や、経済や政策の研究活動などを行っている。PHPは、Peace and Happiness through Prosperity(＝繁栄によって平和と幸福を)の略。

読解チェック

日本の名言

Q1

❶「枠をはめたら(無理に同じにしたら)効果がなくなるというのである」とあるが、幸之助はどうして枠にはめることを望まなかったのか。その理由を二つ述べなさい。

Q2

❷「幸之助に続く世代の経済人」について、適切でないものを一つ選びなさい。

1　製品を作るのではなく、利殖や投機で資産を殖やすことで儲けようとした。
2　大したことの無い成功にも満足してしまう人たちだった。
3　個性を生かすような考えは持っていなかった。
4　枠にはまったような従順な社員は欲しがらなかった。

Q3

❸「なんとも皮肉なことである」とあるがどうしてか。以下の流れに合うように、その理由を書きなさい。

幸之助は一人一人の(❶　　　　　　　　　　)を大切にする人であった。しかし、それを生かしたともいえる(❷　　　　　　　　)を批判したのは、幸之助の作った(❸　　　　　　　　)であったから。

Q4

本文の内容に合致するものを全て選びなさい。

1　幸之助は23歳で事業を起こし、様々な商品を生み出し続けた。
2　新たなアイデアを生むためには、色々な人材が必要だと幸之助は考えていた。
3　バブルを夢見てアメリカ型の経営を目指す人はゆとり教育を賞賛した。
4　現状を維持し持ちこたえればよいという経営哲学も幸之助は持っていた。

語彙・表現ボックス

日本の名言

- 持ち味もちあじ　특색, 맛
- 枠わくをはめる　틀에 끼우다
- 起業家きぎょうか　기업가, 창업자
- 築き上げるきずきあげる　쌓아 올리다
- 財界人ざいかいじん　재계인
- 生うまれつき　천성, 본성
- 境遇きょうぐう　경우, 처지
- 恵めぐまれる　혜택을 받다
- 学歴がくれき　학력
- 中退ちゅうたいする　중퇴하다
- 才さい　재주, 재능
- 富とむ　넉넉해지다, 풍부하다
- 群ぐんを抜ぬく　빼어나다
- 商才しょうさい　장사 재주, 상재
- 横並よこならび　옆으로 나란히 섬, 동등하게 취급함
- 凡庸ぼんよう　평범함
- 人材じんざい　인재
- 物足ものたりない　뭔가 아쉽다, 부족하다
- 歯車はぐるま　톱니바퀴
- 組み合わせくみあわせ　조합, 편성
- 独創的どくそうてき　독창적
- 形成けいせいする　형성하다
- 形状けいじょう　형상
- 小成しょうせい　작은 성공
- 甘あまんじる　만족해하다, 달게 받다
- 従順じゅうじゅん　잘 순종함, 고분고분함
- 利殖りしょく　이자
- 投機とうき　투기
- 資産しさん　자산
- 殖ふやす　늘리다, 불리다
- 下卑げびる　천해 보이다
- 前向まえむき　긍정적임, 적극적임
- 伸のばす　늘이다
- 転換てんかん　전환
- 図はかる　꾀하다, 도모하다
- 存命ぞんめい　살아 있음, 생존
- 価値かち　가치
- 理解不能りかいふのう　이해불가
- 旗頭はたがしら　우두머리

日本の名言

語彙・表現を深める

持ち味

食べ物などにもとから備わっている味、転じて、人や作品などがもつ独特の魅力や長所

ワールドカップで中田(なかた)は自身の**持ち味**(もちあじ)を十分に発揮できないときもあった。

枠をはめる

制限を加えて自由を奪う(「枠にはめる」「型にはめる」ともいう)

ものを作るときは、考え方に**枠**(わく)**をはめない**ことにより自由な発想が生まれやすくなるといえる。

群を抜く

同じものの集まりのなかで、とび抜けてすぐれている

あの映画は、今年度の他の映画作品に比べ、**群**(ぐん)**を抜**(ぬ)**いた**秀作(しゅうさく)である。

横並び

差をつけないで、同等であること

今までは保険料がどの会社も**横並び**(よこならび)であったが、今後はそれが崩れ、保険会社を選ぶ際はよく考える必要が出てくるでしょう。

甘んじる

その状態で満足する

現状に**甘**(あま)**んじる**ことなく、新しいものを取り入れ製品をよりよくしていくことが目標です。

従順

人の言うことを何でも受け入れること

かつては**従順**(じゅうじゅん)すぎるくらいだった妹も、今や僕に逆らうようになってしまった。

下卑る

下品さや卑しさをおびる(通常、「下卑た」の形で修飾語(しゅうしょくご)として用いる)

あの男は、大勢の人の前で恥ずかしげもなく、**下卑**(げび)**た**笑いをした。

存命

生きていること

行方不明(ゆくえふめい)だった父が**存命**(ぞんめい)であることが分かると、娘はその嬉しさに大泣(おおな)きをした。

旗頭

集団を率いる者

みなさんにはいつか時代の**旗頭**(はたがしら)になってもらいたいと思っています。

重要文法

～など　～따위

「考慮したり、取り扱ったりできる範囲をこえている」ことを表す。

- 十年後の世界情勢など、全く想像もできない。
- 彼は、昔自分が同じようなミスをしたことなど忘れてしまったかのように、後輩を怒(ど)鳴(な)りつけている。

～にかたくない(難くない)　～하기 어렵지 않다, 가능하다

「～することは難しくない、可能だ」という意味。

- 料理もしたことのない彼が１人暮らしをしたら、いつもコンビニの食事で済ませることは想像にかたくない。
- 有名な芸術家とはいえ、これほどの大作を完成させるには相当の労力をかけたであろうことは考えるにかたくない。

～とばかりに　～라는 듯이

「～とでも言うように」の意味。

- ここぞとばかりに、力を振(ふ)り絞(しぼ)って試験に挑んだ。(ここぞ…「大切なのはこの場面だ」という意味)
- 太郎(たろう)は花子(はなこ)にいい姿を見せようとばかりに、花子の荷物を運んであげた。

～とは…　～다니, ～리라고는

「予想していなかった～」ということに対する驚きなどの感情を表す。感情を表す表現が「…」にくる。

- 子供っぽかった彼女がこんなに早く母親になるとは驚いた。
- 僕が何気なくやったことに対して、あの先生が褒めてくれるとは思いもよらなかった。

日本の名言 会話

＜学園祭の会議室で＞ CD2・09

拓哉　今年の*学園祭(がくえんさい)委員たちって、ちょっとまとめにくいな。

彩　先輩、いくら実行委員長だからって、そんな偉そうなこと言わないでくださいよ。

拓哉　俺の思ったように動いてくれたらいいのに……。

彩　何言ってるんですか。スタッフだって色々な人がいるじゃないですか。どうしてそれを生かそうとしないんですか。

拓哉　大きなことをやりたいのに、あいつら全然乗り気じゃないし。それなら、全部こっちの指示でやってもらったほうがいいと思うんだよ。

彩　そんなんじゃ、学園祭、成功しないですよ。ほら、「人間はみな持ち味が違う。ワクをはめたらその人の持ち味が消える」って偉大な人が言ってましたよ。

拓哉　持ち味……、枠……ねぇ。委員っていっても、みんな個性あるんだしな。それを生かしたらまたもっと面白いことができるかもな。

彩　そうそう、頑張ってよね、委員長さん！

---

*学園祭：学校で開催する祭のこと。

タスク

学園祭シーズンが到来しました。今、あなたは4年生で、焼きそば屋の店長をやることになりました。他にも仲間がいて、それぞれに仕事を分担させたいと思っています。最大の売り上げを出すためには、以下の仲間達にどのような仕事をさせたらよいでしょうか。グループでモデルプランを作り、全体で発表しましょう。

しず子：勉強が苦手で、成績は悪いが、大学一の美人。

シンジ：勉強が得意な恥ずかしがりや。

太一(たいち)：頑固で無口なラーメン屋の息子。

トニー：ハンサムだが、日本語が下手。

さつき：細かい事に口を出すが、仕事は早い。

ウォームアップ

名言を読んでみましょう。魔法の力を借りたいと思ったことがありますか。どんな時でしょう。グループで話し合いましょう。

読む前に

以下の二つのポイントに注目しながら、本文を読んでみましょう。

①『魔法先生ネギま！』はどんな作品ですか。キーワードを一つ書きましょう。

②『魔法先生ネギま！』は、他の魔法を題材とした物語とどのように違いますか。キーセンテンスを書きましょう。

魔法に頼ることよりも、(　　　　　　　　　　　　　　)と、(　　　　　　　　　　　　)を促しているのです。

赤松健（あかまつけん）（1968〜）
漫画家。代表作は、『A・Iが止まらない』、『ラブひな』、『魔法先生ネギま！』など。

13

アニメ・マンガ

勇気を与える魔法物語

わしらの魔法は万能じゃない。わずかな勇気が本当の魔法だ。

—ネギ・スプリングフィールドのおじいさん（『魔法先生ネギま！』より）—

説明

魔法使いの魔法はあらゆる問題を解決してくれるように思われるけれど、そうではない。ほんの少しの勇気こそが、困難を解決してくれる本当の魔法なのだ。

アニメ・マンガ

勇気を与える魔法物語

CD2・11

『魔法先生ネギま！』は、赤松健という漫画家の作品です。彼は、中央大学国文科在学中に『A・Iが止まらない！』という作品でデビューしました。これは、主人公がパソコンで自ら作り出したAI(人工知能)の美少女と恋愛し、交流を深めていく物語でした。次に発表し、出世作となった『ラブひな』は、東京大学合格を目指す浦島景太郎という浪人生が、女子寮の管理人をすることになり、個性豊かな寮の住人達と徐々に親しくなっていく物語です。最初は、女子寮の住人たちは突然舞い込んできた「天然ボケ」の冴えない男を追い出そうとしましたが、景太郎の憎めない愛らしさと優しさに触れる**にしたがって**、恋人にしようと、彼**をめぐって**争ったりするようになります。

さて、少し頼りない男の子が、個性豊かな女の子たちとの恋愛を通して成長していく物語を二作続けて発表した赤松は、この物語の形式を踏襲しつつ、新たな試みに打って出ました。10歳の英国の男の子が、修行の一貫として日本の女子中学校に赴任するという『魔法先生ネギま！』がそうです。この物語は単なる少年少女の恋愛喜劇に終始するものではありません。主人公が異国の女子中学校で魔法の修行をしつつ、幼い時に失踪してしまった偉大な父親を追いかけるという、魔法冒険譚になっているのです。

魔法を題材にした物語といえば、例えば、『ハリー・ポッター』シリーズが有名です。世界中で流行し、日本もその例外ではありません。この作品に刺激されたのか、多くの魔法冒険譚が空想小説として、あるいはマンガ・アニメとして新たに生み出されつつあります。その多くは読者を元気づけてくれる痛快な作品ですが、ひょっとすると読者の中には、どんな不幸も困難も魔法が解決してくれる夢の世

- **『A・Iが止まらない！』**
  タイトルの「A・I(アイ)」は、「愛(発音は、[ai])」と「人工知能；AI(Artificial Intelligence)」の2つがかけられている。
- **人工知能**
  ここでは、パソコンで作成した人間のプログラムがディスプレイを抜け出して実体化したもの。
- **天然ボケ**
  本人は意図したわけでないのに周囲の人々を笑わせてしまうような振舞いをしてしまう人物のこと。またそのような性格。
- **譚**
  はなし、物語

界に憧れて、現実生活からの逃避を空想するような人もいるかもしれません。しかし、『魔法先生ネギま！』はそうした想像を許しません。「魔法であらゆることを解決する」という物語だろうと思って読み始めると、この「魔法は万能じゃない」という言葉にはっとさせられます。主人公のネギが、おじいさんから教えてもらったというこの言葉は、「困難はすべて魔法で解決できる」という読者の幻想をくつがえします。魔法に頼ることよりも、「ささやかな勇気を持って自ら生きよ」と、自分の力で前進することを促しているのです。魔法に頼ろうとは思わ**ないまでも**、たとえば「魔法」を「科学」に置き換えてみれば、きっと誰しも同じように心を打たれるでしょう。あらゆる困難な問題を、「いずれ科学が解決してくれる」と考えがちではありませんか。世界を変えるのは、私たちの「わずかな勇気」**あっての**ことなのです。10歳の少年とともに、ささやかな一歩を踏み出しましょう。

名言の出典：赤松健『魔法先生ネギま！』第１巻
講談社少年マガジンコミックス

読解チェック

日本の名言

Q1 本文の内容に合致するものには○を、合致しないものには×をつけなさい。

1 （　　）今日では、『ハリー・ポッター』を始めとして、魔法を題材としたファンタジー作品が多く作られるようになっている。

2 （　　）問題を解決するのに、魔法や科学でどうにかなると考えてしまいがちだが、そうではなく、自らの勇気で改変していくべきであると筆者は述べている。

3 （　　）赤松健の発表した三作は、どれも男女が恋愛を通して成長していくことにとどまっている。

Q2 『魔法先生ネギま！』は、「「魔法であらゆることを解決する」という物語」ではないと筆者は述べている。それでは、この作品はどのようなことを読者に訴えているか。以下の語句から、空欄に当てはまる適切なものをいれ、その内容をまとめなさい。

不幸	自ら	勇気	困難	万能	魔法

ネギのおじいさんは「魔法は（❶　　　　）ではない」と言う。そこから、読者がどんな（❷　　　　）や（❸　　　　）も（❹　　　　）で解決できると考えることを許容していないことが分かる。したがって、魔法に頼るのではなく、わずかでも（❺　　　　）を持って（❻　　　　）の力で生きていくように望んでいる。

Q3 赤松健の作品について、それぞれどのような作品かまとめなさい。

作品名	内容
A・Iが止まらない！	
ラブひな	
魔法先生ネギま！	

語彙・表現ボックス

日本の名言

- わし　나 (주로 나이 든 남성이 씀)
- 魔法まほう　마법
- 万能ばんのう　만능
- 魔法まほう使つかい　마법사
- 美少女びしょうじょ　미소녀
- 恋愛れんあい　연애
- 深ふかめる　깊게 하다
- 出世作しゅっせさく　출세작
- 浪人生ろうにんせい　재수생
- 管理人かんりにん　관리인
- 住人じゅうにん　주민, 거주민
- 舞い込むまいこむ　뜻밖에 찾아오다, 뜻밖에 날아들다
- 天然てんねんボケ　엉뚱한 말과 행동
- 冴さえない　신통치 않다
- 追い出すおいだす　내쫓다
- 愛あいらしさ　사랑스러움
- 触ふれる　만나다, 접촉하다, 언급하다
- 頼たよりない　믿음직스럽지 못하다
- 踏襲とうしゅうする　답습하다
- 打うって出でる　진출하다, 치고 나가다
- 英国えいこく　영국
- 修行しゅぎょう　수행
- 喜劇きげき　희극
- 終始しゅうしする　시종일관하다
- 異国いこく　이국
- 失踪しっそうする　실종하다
- 譚たん　~에 관한 이야기, ~담
- 題材だいざい　제재, 소재
- 読者どくしゃ　독자
- 痛快つうかい　통쾌함
- ひょっとすると　어쩌면, 혹시
- 憧あこがれる　동경하다
- 逃避とうひ　도피
- はっとする　깜짝 놀라다
- 幻想げんそう　환상
- くつがえす　뒤엎다
- ささやか　자그마함, 사소함
- 促うながす　재촉하다, 촉구하다
- 置き換えるおきかえる　바꿔놓다, 옮겨놓다
- 驚おどろき　놀람
- 心こころを打うつ　감동하다
- 一歩いっぽを踏み出すふみだす　한 걸음 내딛다

日本の名言

語彙・表現を深める

浪人(生)
進学や就職に失敗し、次の機会までそのための準備をしている人や、その状態
周りの友達が大学生活を楽しんでいるなかで、自分だけ**浪人生**(ろうにんせい)でいるのは精神的に辛かった。

住人
そこに住んでいる人
近所で火事があったが、そこの**住人**(じゅうにん)は何とか逃げることができたそうだ。

舞い込む
予期しないものが突然入ってくる
入社二年目、思いもよらぬ昇進の話が**舞**(ま)**い込**(こ)**ん**できた。

天然ボケ
本人は意図したわけでないのに周囲の人々を笑わせてしまうような態度をしてしまう人物のこと、またそのような性格
彼女の**天然**(てんねん)**ボケ**にイライラしてしまうこともあるが、彼女は多くの人に愛されている。

冴えない
いま一つ物足りない感じである様子／魅力に乏しい／おもしろくない
服装も野暮(やぼ)ったく**冴**(さ)**えなかった**彼女が、東京に来てからガラリと変わってしまった。

追い出す
(迷惑に感じるものを)外に出す
家賃を滞納した隣の人は、とうとう部屋から**追**(お)**い出**(だ)**された**。

打って出る
攻撃や企画などを仕掛ける
話し合いでは解決できないと分かると、軍隊は武力鎮圧(ちんあつ)に**打**(う)**って出**(で)**た**。

終始する
状況や行動に何の発展や変化もなく、始めから終りまで同じである
今回の論文はデータ集めに**終始**(しゅうし)**して**しまい、肝心の分析・考察(こうさつ)が手薄(てうす)になってしまった。

ひょっとすると
もしかして
ひょっとすると、あそこに座っている人は有名人かもしれない。

はっとする
急に気付いたり、思い当たったりする／急に驚く
夕方になって急に雨が降ってきて、洗濯物を干しっぱなしにしてしまったことを思い出して**はっとした**。

くつがえす
根本から否定する／ひっくりかえす
新たな研究結果が出ることによって、今までの理論が**くつがえされた**。

ささやか
形ばかりで取るに足りない／形や大きさがひかえめ
ささかやな贈り物であるが、今までの感謝の気持ちを込めた。

置き換える
ある物に替えて、別の物を置く
自分の立場と相手の立場を**置き換えて**物事を考えなさい、と母に教えられてきた。

心を打つ
強い感動や感銘を与える
そのお坊さんの法話は**心を打つ**ものであった。

一歩を踏み出す
一歩前に出る／〔比喩的に〕(勇気をもって)新しいことを始める
あと**一歩を踏み出せないで**いた私に、父は背中を押してくれた。

日本の名言 重要文法

～にしたがって　～에 따라서

「Aにしたがって、B」という形で、Aが進展していくことにともなって、Bも進展していくような関係を表す。

- 彼女は大人になるにしたがって、あれほど憎んでいた母親を許すようになっていった。
- 彼は有名になるにしたがって、かつての同級生に対する彼の態度や言動は変わっていった。

～をめぐって　～을 둘러싸고

「～に関して」という意味を表す。

- お金をめぐってのトラブルは、時に家族までをも崩壊の危機に陥れる。
- クラス一の美女をめぐって、日々男子たちは必死にいいところを見せようとしている。

～ないまでも　～까지는 하지 않더라고, ~만큼은 못해도

「AないまでもB」の形で、「Aほどではなくても、せめてBであってほしい」ということを表す。AよりはBの方が容易なことが多い。

- 答えを教えてくれないまでも、せめてヒントくらいは出してほしい。
- 誕生日にプレゼントをくれないまでも、「おめでとう」という言葉くらいはかけてほしかった。

～あっての　～가 있으므로 해서 ~도 존재한다

「～がなければ不可能だ／～が必ず必要だ」ということを表す。

- 今回のプロジェクトは、我々のチームワークあっての成功であった。
- 利用者あっての施設であるのに、経営者は全くそのことに気付いていないようだ。

日本の名言

会話

＜拓哉の部屋でDVDを見た後＞ CD2・12

ヨンハ　大人になっても、こういう魔法とか、いつまでも夢見ていたい話は楽しめますね。

拓哉　まー、魔法が使えたらいいよな。

ヨンハ　じゃあ、もし魔法が使えるとしたら、どんなことをお願いしたいですか。

拓哉　そうだなぁ、この狭いアパートを、広々とした高級マンションにしたいかな。

ヨンハ　へぇー。

拓哉　ヨンハは？

ヨンハ　単純ですけど、気になっている女の子と上手くいくようにしたいですね。

拓哉　魔法は万能じゃないぜ。「わずかな勇気が本当の魔法になる」って何かで読んだな……。まあ、女の子をゲットするんなら、魔法はすぐにとけるんだから、自力(じりき)で何とかした方がいいだろうな。

ヨンハ　先輩の高級マンションにするのだって、同じことじゃないですか。それだって、いつかは解けちゃうことですよ。

拓哉　俺はちょっと楽しみたいだけだからいいんだよ。ヨンハの場合は、一瞬じゃ困るんだろ？

タスク

『魔法先生ネギま！』では魔法に頼らないで勇気を持って自分の力で前進することを促しています。魔法の力や人の力を借りたいと思ったことがありますか。どんな時でしたか。結局、その問題をどう解決しましたか。魔法や人に頼ったり、逃げ道を選んだりしないでささやかな勇気を持って自分の力で困難を乗り越えた「勇気冒険譚」を書いてみましょう。

ウォームアップ

日本の伝統文化にはどんなものがありますか。それについて知っている情報をグループで出し合ってみましょう。

読む前に

名言を読んでみましょう。岡倉天心が『茶の本』の中で、当時の西洋と東洋(日本)をどのように捉えていたか、また、願ったことは何であったかに注目して読んでみましょう。

① 西洋の問題点を箇条書きしましょう。

② 東洋(日本)の問題点を探しましょう。

③ 岡倉天心が願ったことは何ですか。

岡倉天心（おかくらてんしん）（1863〜1913）
明治時代に活躍した美術家であり、美術評論家。欧米諸国へ日本文化を伝えることに生涯を費やした。

14

歴史

西洋と東洋の相互理解を目指して

おのれに存する偉大なるものの小を感ずることのできない人は、他人に存する小なるものの偉大を見のがしがちである。

説明

自分の持っている偉大なものが、本当はいかに小さなものであるかを感じることができない人は、他人の持っている小さなものが、本当はいかに偉大なものであるかを見逃しがちである。

歴史　西洋と東洋の相互理解を目指して

CD2・14

明治時代の日本にも、専門的な研究活動を行う**かたわら**、外国に向けて日本文化を紹介するために英語で書物を著した知識人が何人もいた。たとえば新渡戸稲造、内村鑑三、そして岡倉天心である。

岡倉天心は1863年(文久２年)に横浜に生まれ、明治時代を通じて活躍した美術研究家である。東京美術学校(現在の東京藝術大学美術学部)の設立にも尽力し、第二代校長を務めた。日本や東洋の文化を紹介するために欧米でも精力的に活動しており、『東洋の理想』と『日本の目覚め』をロンドンで出版したのに続いて、1906年にニューヨークで、生前最後の著作となる『茶の本』を出版した。

日本には❶「茶道」という名の芸術がある。茶の味そのものにとどまらず、茶を立てる作法、茶道具の選択、茶室の建築、室内にあしらわれた花や美術品、客をもてなす態度など、茶をめぐる一連の動作とそれを包み込む場のすべてを、作品として美しく仕立てる芸術である。日本では、高校や大学にも必ずと言っていいほど「茶道部」や「茶道サークル」が存在し、多くの人に親しまれている。

茶道は８世紀の中国に発し、16世紀の日本において千利休らにより完成された。天心は『茶の本』のなかでその歴史を紹介し、その背後にある美意識を、「道教」や「禅」の思想と結びつけて詳しく分析している。天心によれば、茶道とは、日々の生活の些事のなかにも至上の美を発見しようとする、道教と禅の思想を実践する営み**にほかならない**。

彼は本書のなかで、簡素で独特な茶室の造りを取り上げて建築の哲学を語り、また、茶道と同時に成立し、茶人によって洗練された「華道」の歴史に触れて、「生け花」の美学を語ってもいる。❷茶道の

● **新渡戸稲造**
(1862〜1933)
農学者。『武士道』"Bushido: The Soul of Japan"などを著した。

● **内村鑑三**
(1861〜1930)
キリスト教学者、文学者。『余は如何にして基督信徒となりし乎』"How I became a Christian"などを著し

● **千利休**
(1522〜1591)
日本の茶道を確立した人物。

● **道教**
中国三大宗教の1つ。

● **禅**
仏教の一種。

精神が、日本の文化のあらゆる場面に受け継がれているというのが、彼の考えであった。

天心は、長い歴史のなかで磨き上げられたこの茶道の美意識を紹介することで、東洋の芸術に見向きもしない西洋人に対し、異議申(もう)し立(た)てを行ったのであった。「おのれに存する偉大なるものの小を感ずることのできない人は、他人に存する小なるものの偉大を見のがしがちである」とは、東洋に対してもう少し謙虚になることを、西洋人に向かって呼びかける皮肉である。この一文のすぐ後に天心は、「西洋人は、日本が平和な文芸にふけっていた間は、野蛮国(やばんこく)と見なしていた**ものである**。しかるに満州(まんしゅう)の戦場に大々的殺戮(さつりく)を行い始めてから文明国と呼んでいる」と続けている。軍事力でのみ国の価値をはかろうとする欧米先進国(せんしんこく)の態度に対する挑戦である。と同時にそこには、西洋の価値観に追随(ついずい)し、西洋の模倣に汲々(きゅうきゅう)として自らの芸術の歴史を足蹴(あしげ)にしていた、文明開化後の日本人に対する皮肉も込められていたのであった。

もちろん天心は、❸無下(むげ)に西洋を排斥(はいせき)しようとしたのではないし、いたずらに東洋の優位を主張したのでもない。東洋と西洋の対立を煽(あお)ることは、天心の意図するところではなかった。東洋に対する西洋の誤解を晴らし、両文化の相互理解の役に立つことをこそ、天心は願っ**てやまなかった**のである。

名言の出典：岡倉天心『茶の本』岩波文庫(いわなみぶんこ)

● **満州の戦場**
日清戦争のこと。

読解チェック

日本の名言

Q1 本文の内容に当てはまるものには○、当てはまらないものには×をつけなさい。

1　(　　)茶道は日本発祥の文化である。
2　(　　)岡倉天心は、海外でも著書を出した。
3　(　　)岡倉天心は、西洋と東洋が理解しあえる関係になることを望んだ。
4　(　　)日本の部活の中で最も人気があるのは、茶道である。

Q2 ❶「「茶道」という名の芸術」とあるが、どういった点がその根拠であるか、答えなさい。

Q3 ❷「茶道の精神が、日本の文化のあらゆる場面に受け継がれている」とあるが、本文では、具体的にどのようなものが挙げられているか。以下に当てはまる語句を書きなさい。

簡単な造りであるが独特の雰囲気を持つ(❶　　　　　　　　)の(❷　　　　　　　　)や、(❸　　　　　　　　)における(❹　　　　　　　　)の技などに受け継がれている。

Q4 ❸「無下に西洋を排斥しようとしたのではないし、いたずらに東洋の優位を主張したのでもない」とあるが、天心は当時の西洋と東洋をどのように捉えていたか。適切なものを一つ選びなさい。

1　西洋は東洋の芸術と軍事力をともに評価している。
2　西洋は茶道には関心を持っているが、東洋の軍隊の弱さには失望している。
3　東洋は、芸術においても軍事においても西洋のものを上手く取り入れている。
4　東洋は西洋の価値観に影響され、自らの芸術の歴史をおろそかにしている。

語彙・表現ボックス

日本の名言

存そんする	존재하다, 생존하다
書物しょもつ	책, 서적
著あらわす	저술하다
尽力じんりょくする	진력하다, 힘쓰다
精力的せいりょくてき	정력적
著作ちょさく	저작
茶ちゃを立たてる	차를 달여 내다
あしらう	곁들이다, 적당히 다루다
もてなす	대접하다, 환대하다
包み込むつつみこむ	감싸다
仕立したてる	만들다, 꾸미다
親したしむ	친하게 지내다, 가까이 하다
些事さじ	사소한 일
至上しじょう	지상, 최상
実践じっせんする	실천하다
営いとなみ	일, 작업, 생업
簡素かんそ	간소함
洗練せんれんする	세련되다
受け継ぐうけつぐ	계승하다
見向みむきもしない	쳐다보지도 않다
異議いぎ申し立てもうしたて	이의제기
見逃みのがす	간과하다, 눈감아 주다
ふける	몰두하다, 빠지다
野蛮国やばんこく	야만국
見みなす	간주하다, 가정하다
しかるに	그런데도
戦場せんじょう	전장
大々的だいだいてき	대대적
殺戮さつりく	살육
軍事力ぐんじりょく	군사력
価値かちをはかる	가치를 측정하다
先進国せんしんこく	선진국
挑戦ちょうせん	도전
追随ついずいする	추종하다
模倣もほう	모방
汲々きゅうきゅうと	급급하게, 빠듯하게
足蹴あしげにする	발길질을 하다, 심하게 대하다
無下むげに	무턱대고, 냉담하게
排斥はいせきする	배척하다
優位ゆうい	우위
煽あおる	부채질 하다, 선동하다
誤解ごかいを晴はらす	오해를 풀다

語彙・表現を深める

茶を立てる

抹茶をいれる／茶道で茶をいれる

幼い頃から、父がよく**茶を立てて**くれたので、茶道に親しむことができた。

あしらう

① 料理や装飾などをうまく組み合わせて、美しく仕上げる

② いいかげんに応対する／いいかげんに扱う

① 窓際に花を**あしらえば**、もっと部屋の雰囲気が華やぐでしょう。

② 親は子供を適当に**あしらう**のではなく、大切に思うべきである。

もてなす

客を大事に扱う

あのホテルの、客を**もてなす**態度は非常に良かった。

仕立てる

何かを完成させる、ある特定の目的のために用意する／作る

実際にあった出来事を基に**仕立てられた**ドラマは、感動的なものが多い。

些事

ささいなこと／小さなつまらないこと

些事にこだわりすぎて、大事なことを見逃さないようにしなさい。

至上

この上ないこと／最上

ノーベル賞こそ、学者にとって**至上**の名誉であろう。

受け継ぐ

誰かが行ってきたことを他の人が続けて行う

伝統工芸を**受け継ぐ**若者が少なくなったことは、伝統文化存続の危機を予感させる。

見向きもしない

少しもそちらを見ない(全く興味がないことも表す)

今は有名な歌手でも、若い頃、**見向きもされなかった**ことはよく聞く話である。

異議申し立て

反対意見を述べること(もとは法律用語)

新聞に書かれたことは、プライバシーを侵害するものだとして、裁判所に**異議申し立て**を行った。

ふける

一つのことに夢中になる・没頭(ぼっとう)する

学生時代、何もすることのない休日には、一日中読書に**ふけった**ものだ。

見なす

そのように判断する

手を上げた人は賛成と**見(み)なします**。

汲々と

何かをするのに精一杯で、他の事に対する余裕がない様子

マイホームを購入して、ローンの返済に**汲々(きゅうきゅう)と**する人は少なくない。

足蹴にする

足で蹴る、転じて、ひどい扱いをする

部長は部下の出来が少しでも悪いと**足蹴(あしげ)にする**ような怖い人だ。

無下に

むやみに／思いやりもなく／容赦(ようしゃ)なく

困っている人の頼みごとを**無下(むげ)に**断ってはいけない。

煽る

他人をそそのかして、自分の考えにそのような行動をとらせる

宴会で、同僚たちに**煽(あお)られて**、彼は芸を披露しなければならなかった。

誤解を晴らす

誤解を無くそうとする／誤解を無くす

彼女は僕が浮気していると勘違いしているから、なんとしてもその**誤解(ごかい)を晴(は)らさなければ**ならない。

日本の名言

重要文法

かたわら ~하는 한편, ~함과 동시에

「AかたわらB」の形で、同時ではないが、AとBの両方をしているという意味を表す。なお、習慣となっている出来事に使う。

- ジウさんは、大学に通う**かたわら**、韓国語の翻訳の仕事もしている。
- 会社に勤める**かたわら**、小説を書いています。

~にほかならない ~와 다름없다

「~以外のものではなく、まさに~だ」という強い断定を表す。

- インターネットは世界中をつなぐもの**にほかならない**。
- このプロジェクトの成功は、全員の努力の結果**にほかならない**。

~ものである/~ものだ ~한 것이다

「昔はよく~した」という意味を表す。

- 彼は授業中によく教室を抜け出し、先生を困らせた**ものである**。
- 小学生の頃は、どこへ遊びに行くにも妹を連れていった**ものだ**。

~てやまない ~해 마지 않다. 진심으로 ~하길 바란다

「ずっと~している」という意味を表す。

- これは私が愛し**てやまない**故郷の写真です。
- 彼が次の試合で優勝することを期待し**てやみません**。

日本の名言

会話

＜更衣室（こういしつ）の出入口で＞ CD2・15

ヨンハ　あれ、どうしたの？ そんな格好して。

彩　これからジョギングするんだ。来月のマラソン大会に出るからね。

ヨンハ　へー、すごいね。何キロ走るの？

彩　10キロ！ 私、高校生の時、大会で優勝したんだよ。すごいでしょ？ だから、今回も優勝目指すよ！！

ヨンハ　えっ、全国大会とか？

彩　ううん、校内のマラソン大会。ま、今回のマラソン大会は、他の選手なんて、優勝経験ないから、大丈夫だってー。

ヨンハ　あ… そうなの……。彩には、この言葉の意味を考えてみるといいと思うよ。

彩　なになに？

ヨンハ　彩の話を聞いていたら、岡倉天心がこんなことを言っていたのを思い出したよ。「おのれに存する偉大なるものの小を感ずることのできない人は、他人に存する小なるものの偉大を見のがしがちである」ライバルについて、もうちょっと考えておいた方がいいんじゃないかな、じゃあね。

彩　えー。どういうことよー。難しくて、分かんないよー！

タスク

日本では伝統文化のスタイルを変化させることで、伝統文化への関心が再び高まるということがあります。たとえば、「茶道」は形式にこだわっているものですが、仕事帰りに気軽に立ち寄って、学ぶことの出来る教室が出来るなど、身近な文化として変化しています。自分の国の伝統文化には、このようなことがありますか。それを紹介してみましょう。また、伝統文化を残していくための方法や、その必要性についても考えてみましょう。

ウォームアップ

名言とその簡単な日本語の説明を読みましょう。これは明治時代の自由民権運動家である田中正造の言葉です。どのようなことを表しているのかを考えましょう。

読む前に

この本文には田中正造の自由民権運動家としての活動の歴史が書いてあります。そこに注目して読んでみましょう。

① 正造は衆議院選挙に当選した頃、大洪水で鉱毒が流れ出した状況を見て、どうしましたか。

② 正造は議会で質問した際に何を訴えたかったのでしょうか。

③ 鉱毒反対運動をやめずに演説を続けたにもかかわらず、国の政策に改善が見られなかったことに対し、1901年、正造はどんな行動をとり、どのような結果になりましたか。

④ 正造はどんな死を迎えますか。

田中正造（1841～1913）
明治時代の代議士。足尾銅山鉱毒事件を訴えた人物として知られている。

15

歴史

民衆のために全生涯を投じて闘う

民を殺すは国家を殺すなり。法を蔑にするは国家を蔑にするなり。皆自ら国を毀つなり。財用を濫り民を殺し法を乱して而して亡びざる国なし。

説明

国民を殺すことは、国家をも殺してしまうことである。法律をいいかげんにすることは、国家をもいいかげんにしてしまうことなのである。つまり、自国を壊してしまうことになる。国の財産をみだらに使い、国民をいじめ、法律を無視すれば、滅びない国はない。

歴史 民衆のために全生涯を投じて闘う

CD2・17

田中正造は、1841年、現在の栃木県に、名主の長男として生まれた。38歳で政治家になることを夢見、国会の開設を主張しながら、自由民権運動家として活動した。正造が衆議院議員に当選した頃、渡良瀬川で大洪水があり、近くにあった足尾銅山の鉱毒が近隣地域に流れ出た。稲は枯れ、魚は死に、農民の生活に大きな被害が及んだ。正造は、その状況を目の当たりにし、農民を救うべく、❶議会で政府に対して銅山の操業停止などを求めた。

1900年、多数の農民らが東京へ４回目の陳情行進に出かけようとしたところ、途中の群馬県で警官隊に鎮圧され、流血さわぎとなった。この事件の後、議会で正造が行った質問が、「亡国に至るを知らざれば之れ即ち亡国の儀**につき**質問書」である。「民」を殺し、法を蔑ろにすれば、「国」は必ず滅びるのだと訴えたこの質問は、日本の憲政史上に残る大演説であった。しかし、時の総理大臣山縣有朋は、「質問の意味がわからない」として答弁を拒否した。それに失望した正造は、翌年議員を辞職した。

しかし、それからも正造は鉱毒被害の改善を訴える活動をやめず、東京のキリスト教会など**を中心に**たびたび演説を行っていた。それでも国の政策に改善は見られず、1901年、ついに正造は命がけで天皇への直訴を試みたのであった。途中で警官に取り押さえられ、直訴には失敗したが、それを伝える新聞の号外も配られ、直訴状の内容は広く世に知られることとなった。正造は拘束されたものの、政府は大問題になることを避けるため、「単に狂人が馬車の前によろめいただけだ」として、即日釈放した。

その後、❷鉱毒事件は社会問題にまで発展したが解決は見られ

● **名主**
町や村の仕事をあつかう代表者。

● **衆議院**
国会を構成する議院の1つ。もう1つは参議院。

● **足尾銅山**
栃木県足尾市にある、銅が取れる山。

● **直訴**
直接天皇に訴えること、当時の最高刑は死刑。

ず、政府は「治水」という口実のもとに谷中村の土地を強制買収し、貯水池化を企てた。「農民を救わない**わけにはいかない**」と悲痛な思いを抱いた正造は、村に住み込んで、農民たちとともに貯水池化に反対した。1906年、谷中村は強制的に廃村となり、翌年には、政府は法律で「村に残れば犯罪者として逮捕する」と圧力をかけた。多くの村民が村外への退出を余儀なくされたが、正造は最後の日まで村に残り抵抗し続けた。結局、政府は村全域を河川地域とし、村民は北海道へ移住した。正造はこの後も、精力的に土地の強制買収を不服とする裁判を起こし、闘いをやめなかった。

晩年、死が近づいていることを知り、最後の運動費用調達の旅に出かけたが、その途中で倒れ、1913年に71歳でこの世を去った。財産は鉱毒反対運動のために使い果たし、残ったものは、袋１つに書き**かけ**の原稿、鼻紙、海苔、小石、日記と数冊の本だけであった。「民」の生活の救済に全生涯を投じ、「国」の姿を改めるべく政府との闘いに殉じた正造の葬儀には、数万人の「民」が参列したと言われている。

名言の出典：林竹二『田中正造全集 - 田中正造の生涯』講談社

読解チェック

日本の名言

Q1

❶「議会で政府に対して銅山の操業停止などを求めた」とあるが、そのきっかけは何であるか答えなさい。

Q2

❷「鉱毒事件は社会問題にまで発展した」とあるが、その後の村の様子と正造について、以下の表をまとめなさい。

政府	正造と村民
谷中村の(❶　　　　)を行うために、土地を(❷　　　　)した。	正造と村民は、村に住み込んで、(❶　　　　)に反対した。
谷中村は(❸　　　　)となった。また、(❹　　　　)による圧力をかけた。	村の人々は(❻　　　　)に引っ越さなければならなくなった。正造は村に残り抵抗し続けた。
谷中村の全域を(❺　　　　)とした。	土地の(❷　　　　)に対する(❼　　　　)を起こし、闘い続けた。

Q3

本文の内容に合うものを一つ選びなさい。

1　正造が国会で行った演説は、総理大臣に聞き入れてもらえなかったが、正造は引き続き議会で訴え続けた。

2　正造は死ぬ間際まで、鉱毒反対運動を諦めることはせず、資金を集めたり、現場の状況を知るために出かけた。

3　正造が亡くなった後、その栄誉を称えて国によって葬儀が取り仕切られ、数万人がそれに参加した。

4　正造は天皇に直接訴えたが、帰りに警官に取り押さえられ、そのことは広く世間に知られることとなった。

語彙・表現ボックス

日本の名言

- 民たみ　국민
- 蔑ないがしろ　업신여김, 소홀히 함
- 毀こぼつ　부수다
- 財用ざいよう　밑천, 비용, 돈의 용도
- 濫みだり　무분별함
- 乱みだす　흩뜨리다, 어지럽히다
- 而しこうして　그리하여
- 亡ほろびる　멸망하다
- 洪水こうずい　홍수
- 鉱毒こうどく　광독
- 操業そうぎょう　조업
- 流血りゅうけつ　유혈
- 亡国ぼうこく　망국
- 即すなわち　즉, 곧
- 儀ぎ　일, 건, 까닭
- 憲政けんせい　헌정
- 答弁とうべん　답변
- 翌年よくねん　다음 해
- 命いのちがけ　목숨을 걺
- 直訴じきそ　직소
- 取り押さえるとりおさえる　체포하다, 억누르다
- 号外ごうがい　호외
- 拘束こうそくする　구속하다
- 狂人きょうじん　광인, 미치광이
- 馬車ばしゃ　마차
- よろめく　비틀거리다, 유혹에 빠지다
- 即日そくじつ　즉일, 당일
- 釈放しゃくほう　석방
- 治水ちすい　치수
- 強制きょうせい　강제
- 買収ばいしゅう　매수
- 貯水池ちょすいち　저수지
- 企くわだてる　꾀하다, 꾸미다
- 悲痛ひつう　비통함
- 住み込むすみこむ　거주하다
- 廃村はいそん　폐촌
- 村民そんみん　촌민, 마을 사람
- 全域ぜんいき　전(지)역
- 不服ふふく　불복
- 救済きゅうさい　구제
- 全生涯ぜんしょうがいを投とうじる　전생애를 던지다
- 殉じゅんじる　순직하다
- 葬儀そうぎ　장례식
- 参列さんれつする　참례하다, 참석하다

日本の名言

語彙・表現を深める

民
貴族、王族、役人以外の人々
民(たみ)の声を受け止めた政治を期待している。

蔑
大したものではないとして、軽く扱うこと(現在では「蔑ろ」)
自分を育ててくれた親を**蔑ろ**(ないがしろ)にせず、老後(ろうご)を見守ってあげたい。

毀つ
壊す/崩す(現代語では使われることはほとんどない)
「家を**毀つ**(こぼつ)」と祖母が言ったとき、何のことか分からなかった。

財用
何かをするときに必要な金銭。資本。
国の**財用**(ざいよう)には、国民の税金もその大部分が含まれている。

濫り(に)
勝手であること、いい加減であること/むやみに、考えなしに
有害物質が出る可能性があるので、家庭でゴミを**濫りに**(みだり)燃やさないでください。

而して
「そうして」の古い言い方
「而(じ)」という字は、現代の日本語ではほとんど用いられないが、漢文では「**而して**(しこう)」のように接続詞として現れる。

鉱毒
石や岩などの鉱物を掘るときや、金属から不純物(ふじゅんぶつ)を取り除くときに出る有害な毒
鉱毒(こうどく)が川に流れ出ないように、細心(さいしん)の注意を払っています。

儀
ことがら/こと(通知・通達などの文書で使われることが多い)
「その**儀**(ぎ)ばかりはお許し下さい」と、取引先の社長に断られた。

命がけ
死を覚悟して取り組むこと
あの山は危険が多いというので、**命がけ**(いのち)で登るぞという勇気がなければならない。

取り押さえる
つかまえる
サッカーの試合中、突然フィールドに入り込んだ観客を審判たちが**取り押さえた**。

よろめく
足元がふらつき、倒れそうになる
急に頭が痛くなり、道端で**よろめいて**しまった。

即日
事があったその日
新規契約でも、**即日**、携帯電話をお渡しできます。

企てる
計画する／思い立つ
近頃は、インターネットの掲示板に殺人を**企てる**という予告メッセージが書きこまれることがある。

住み込む
家やその場所に寝泊りしながら、仕事をする
漫画家のアシスタントが**住み込んで**働くことは、あまりないと聞く。

使い果たす
全部使ってしまう
小さい頃は、月の初めにもらった小遣いをあっという間に**使い果たして**いた。

全生涯を投じる
自分の人生の全てをある物事のために使いきる
おばは、困っている人を助けるために、弁護士という仕事に**全生涯を投じた**。

殉じる
仕事のために死ぬ
私たちの大学の前の学長は、学生のための大学改革の推進に**殉じた**人であった。

葬儀
死者を葬る儀式のこと
祖母は、**葬儀**は身内だけで済ませてくれと、遺言に書いていた。

参列する
式や行事などに参加する
姉の結婚式には親族を始めとし、友人や会社の人まで、たくさんの人が**参列した**。

日本の名言

重要文法

～につき　～에 대해서, ~때문에, ~에(마다)

①「～に関して」(関係を表す)
②「～のために／～により」(理由、原因を表す)
③「～ごとに」(割り当て、配分を表す)

- 学園祭の開催につき、要望書を大学の事務に提出した。(①)
- 雨天につき、本日のスポーツ大会は中止となりました。(②)
- 10人以下での参加の場合は、一人につき1000円、11人以上の場合は、900円をお支払い下さい。(③)

～を中心に　～을 중심으로

「～を真ん中に置いて」「～を主要なものとして」ということを表す。

- 彼は、ヨーロッパを中心に活躍している芸術家である。
- 今日の授業は、各グループのリーダーを中心に議題について話し合ってください。

～わけにはいかない　～할 수는 없다

「～が可能だが、状況を考えるとそうするべきではない」ということを表す。

- ここで負けるわけにはいかないという強い思いが、チームに勝利を導いた。
- 明日は試験なので、今夜勉強しないわけにはいかない。

～かけの　～하는 도중의, ~하다가 만

「～している途中で、まだ終わっていない」ということを表す。

- 食べかけのプリンを冷蔵庫に入れておいたら、家族の誰かに食べられてしまった。
- 道具をしまいかけのところ申し訳ないですが、今からそれを使うので出しておいてください。

日本の名言

会話

＜研修旅行の計画中＞ CD2・18

拓哉　今年の春は、足尾（あしお）の方に研修旅行に行かないかって、先生が言ってたぞ。

彩　足尾かぁ。足尾って言えば、鉱毒事件の所ですよね。歴史の時間に勉強したなぁ。

拓哉　そうそう。っていっても、授業でやったことなんて、事件があった、ってことぐらいだろ？ 現地に行って、色々知るとまた違ったものが見えてくるもんだからな。

彩　ま、そうですね。足尾鉱毒事件っていえば、田中正造が頑張ってたことは知ってますけど、それぐらいでその後どうなったかなんて、全然知らないな。

拓哉　頑張りだって*並大抵（なみたいてい）じゃなかったんだから。議員になって、国に対して、「民を殺すことは国家を殺すこと。法を蔑（ないがし）ろにすることは国家を蔑ろにすること。つまり、自ら国を壊しているんだ」って訴えて……。

彩　へえ、そういう国の危機感に早く気づいてた人なんだ。

拓哉　あ、そうだ。来週辺りから、事前準備の勉強会するから、来るともっと分かるよ。

---

*並大抵：普通であること。

タスク

歴史の中で、民衆のために政府や組織と闘った人物についてまとめましょう。時代や国籍は問いません。グループごとに取り上げる人物を1人決め、全体に発表するための資料を作成してみましょう。

ウォームアップ

あなたの性格はどちらかというと、「几帳面」ですか、それとも「大ざっぱ」ですか。自分自身のどのようなところをそう感じていますか。それをグループで話し合い、他のメンバーからみた「あなた」についてコメントをもらいましょう。人からはどのように見られているのでしょうか。

読む前に

① 石田禮助の「理想の晩年の過ごし方」は、どのようなものですか。

② 石田の生き方と信念を表している言葉をそれぞれ抜き出しなさい。

生き方 : (　　　　　　　　　　　　　　　　)

信念　 : (　　　　　　　　　　　　　　　　)

16

経営者

私心を捨てた改革者の信念

石田禮助（1886～1978）
実業家。三井物産の総責任者や、日本国有鉄道の総裁などを務めた。

粗にして野だが卑ではない

説明
言葉や振る舞いに荒削りで野暮なところがあるかも知れないが、人として恥じるような卑しい行いは決してしない。

経営者 私心を捨てた改革者の信念

CD2・20

この名言は、1963年に石田禮助が国鉄総裁に就任するにあたり、初めて国会に呼ばれて冒頭の挨拶で述べた言葉である。石田は居並ぶベテラン国会議員たちを前に、「間違ったことを言うかも知れないが、絶対に嘘はつきません。知らぬことは知らぬと言う。生来、粗にして野だが卑ではないつもり」と、堂々と言い放ったのである。後に作家の城山三郎が、この「粗にして野だが卑ではない」をそのまま本の題名にして、石田の生涯を描き、ベストセラーとなった。

第5代国鉄総裁に就任した時、石田は既に77歳であった。彼は民間から起用された最初の国鉄総裁である。日本を代表する総合商社である三井物産で34年間働き、大きな実績をあげてナンバー2の地位にまで昇りつめた。三井物産在籍中には、27年ものあいだ海外で暮らしたが、とくに米国滞在中に培われた「合理主義」と「パブリックサービス(公共への奉仕)」の考え方が、石田のその後の生き方に大きな影響を及ぼした。多くの財界人が就任を要請されながらも断っていた国鉄総裁の職を77歳の高齢で引き受けたのは、商売の世界を生き抜き、引退した後はパブリックサービスに身を投じるのが理想の晩年の過ごし方であると、米国で学んだからであった。

事故が頻発し、また慢性的な赤字経営に陥っていた❶当時の国鉄は、早急な改革を必要としていた。しかし46万人の従業員を抱える大所帯で、その従業員には「親方日の丸」「不沈艦」の意識が蔓延し、政府・国会の指揮監督権によって手枷足枷をはめられ、しかも改革には巨大な労働組合の壁が立ちはだかっていた。そのような問題ずくめの状況の下で経営改革を推進するには、相当の覚悟と武士道にも似た強い信念が不可欠だっただろう。

- **国鉄** 日本国有鉄道の略称。現在は民営化され、JR(Japan Railway)となった。
- **城山三郎** (1927～2007) 小説家。経済小説の開拓者。
- **三井物産** 三菱商事、住友商事と並んで日本を代表する総合商社。
- **親方日の丸** 国家の庇護のもと運営されているせいで、経営が甘くなること。
- **不沈艦(意識)** けっして沈まない軍艦。ここでは、危機感の全くない意識のたとえとして使われている。
- **武士道** 武士の持っている道徳。

「粗にして野」は、巧みな言葉や振る舞いで体裁をつくろうことはできないし、またしたいとも思わないという彼の生き方を表している。そして「卑ではない」は、私心を捨てて、逃げ出すことなく正々堂々と困難に立ち向かってゆくという彼の信念を表している。彼は93年間の生涯をこの言葉通りに生き抜いたのである。

2007年末、❷「今年の漢字」に選ばれたのは「偽」であった。これを大きな半紙(はんし)に揮毫(きごう)した清水寺(きよみずでら)の高僧(こうそう)は、「こういう字が選ばれるのは誠に恥ずかしく悲憤(ひふん)**にたえない**」と言った。「偽」が選ばれたのは、食品の品質偽装(ぎそう)や官僚の汚職(おしょく)といった、人間にとってある**まじき**「卑しさ」を見せつける事件が相次いだからであった。もし石田が今の日本に生きていたら、「偽」や「卑」にまみれたこの世相(せそう)を、残念**極まりない**と嘆き悲しむに違いない。

名言の出典：城山三郎『「粗にして野だが卑ではない」石田禮助の生涯』
文藝春秋(ぶんげいしゅんじゅう)

● 今年の漢字
日本漢字能力検定協会が公募し、投票によって選ばれた一位の漢字が「今年の漢字」として発表される。

● 半紙
書道で使う紙。

● 清水寺
京都にある有名な寺。

● 高僧
位の高い僧侶のこと。

読解チェック

日本の名言

Q1 石田の名言「粗にして野だが卑ではない」には、彼の考え方が現れている。その具体的な内容を二つ抜き出しなさい。

1（　　　　　　　　　　　　　　　　　　　　　　　）

2（　　　　　　　　　　　　　　　　　　　　　　　）

Q2 ❶「当時の国鉄」に関係するものを、以下の中から一つ選びなさい。

1　国鉄総裁の座を多くの財界人が狙っていた。
2　国や労働組合によって、改革が先に進めない状況が続いていた。
3　問題は多かったが、国や組合のバックアップによって処理が可能だった。
4　国鉄は三井物産の次に大きな組織として、国が管理していた。

Q3 以下の文の空欄に語句を入れ、石田が77歳という年齢にも関わらず、国鉄総裁に就任するに至った経緯をまとめなさい。（同じ語句を二回以上使うこともある）

三井物産在籍中に、(❶　　　　　　)で(❷　　　　　　)や(❸　　　　　　　　)の考え方を学んだ。その影響もあってか、引退した後は、(❹　　　　　　)に力を入れることが理想的な(❺　　　　　　)であると考えていたため、国鉄総裁の職を引き受けた。

Q4 ❷「「今年の漢字」に選ばれたのは「偽」であった」とあるが、その理由は何か。本文中より抜き出しなさい。

語彙・表現ボックス

日本の名言

- 粗そ　거칠다
- 野や　세련되지 않음, 거침
- 卑ひ　천하다, 낮다
- 振る舞いふるまい　행동
- 荒削あらけずり　세련되지 않음, 거칠게 깎음
- 野暮やぼ　촌스러움
- 恥はじる　부끄러워하다
- 卑いやしい　천하다, 낮다
- 私心ししん　사심
- 総裁そうさい　총재
- 居並いならぶ　줄지어 앉다, 늘어 앉다
- 嘘うそをつく　거짓말을 하다
- 生来せいらい　천성적으로
- 言い放ついいはなつ　단언하다
- 起用きようする　기용하다
- 昇のぼりつめる　꼭대기까지 오르다
- 在籍ざいせき　재적
- 培つちかう　기르다, 북돋우다
- 奉仕ほうし　봉사
- 及およぼす　미치게 하다, 끼치다
- 生き抜くいきぬく　살아 나가다
- 身みを投とうじる　몸을 던지다
- 頻発ひんぱつする　빈발하다
- 慢性的まんせいてき　만성적
- 赤字あかじ　적자
- 早急さっきゅう　조급함
- 大所帯おおじょたい　대가구, 큰살림
- 蔓延まんえんする　만연하다
- 手枷てかせ　수갑
- 足枷あしかせ　족쇄
- 不可欠ふかけつ　불가결함
- 巧たくみ　솜씨 있음, 교묘함
- 体裁ていさい　체재
- 正々せいせい堂々どうどうと　정정당당하게
- 立ち向かうたちむかう　맞서다, 직면하다
- 揮毫きごうする　휘호하다, 글씨를 쓰다
- 誠まことに　정말로
- 悲憤ひふん　비분, 슬프고 분함
- 偽装ぎそう　위장
- 汚職おしょく　오직, 직권을 남용하여 부정을 저지르는 일
- 相次あいつぐ　연달다, 잇달다
- まみれる　더러워지다
- 世相せそう　세상, 세태
- 嘆き悲しむなげきかなしむ　한탄해 슬퍼하다

語彙・表現を深める

振る舞い

相手と場所に合わせた行動をすること／身振りや体の動き

人の家を訪れる際には、自らの立ち居**振る舞い**に気をつけるようにしたい。

荒削り

おおざっぱに削ること／十分みがかれていないこと

彼女の企画はまだ**荒削り**の部分が多いが、それ自体は独創的で面白いものであった。

野暮

わからず屋で融通のきかないこと、また、そのような人／洗練されていないこと、また、そのような人

何十年も昔の思い出したくない出来事を根掘り葉掘り聞くなんて、**野暮な**ことだ。

卑しい

品が悪い、下品／身分・社会的地位が低い／食物や金銭に対して意地汚い

彼は表面上は紳士的であったが、実際は**卑しい**人であったため、徐々に周囲からの評判が悪くなっていった。

居並ぶ

並んで座る

来月、有名な先生たちが**居並ぶ**会場で発表することになり、今から緊張してしまっている。

嘘をつく

事実と違ったことを言う

冗談でも、人を傷つけてしまう**嘘はつく**もんじゃない。

言い放つ

遠慮なく、はっきり言う

講演会である評論家が**言い放った**言葉は、私としては受け入れがたいものであった。

昇りつめる

最高のところまで行く／頂点までのぼる

社長の座に**昇りつめよう**とするくらいのやる気を持ちたいものである。

生き抜く

社会や集団の中で、倒れずに最後までやり通す

激しい競争社会を**生き抜く**ためには、知識だけではなく、瞬時に判断する力も持たなければならない。

身を投じる

自分の身体をなげる／とびこむ

これまで**身を投じて**きたボランティア活動からいったん身を引き、別のことをしてみようと思った。

枷

首や足にはめて、動かせないようにする昔の刑罰の道具／人間の行動や意識を拘束するもののたとえ

私の両親は厳しかったため、子供の頃は自由に外出もできず、まるで**手枷足枷**をはめられているようだった。

体裁

かたち・ありさま／外観や見かけ

雑誌の出版社から、投稿した文章の**体裁**を整えるように、と連絡が来た。

相次ぐ

次から次へと続く

最近、**相次いで**近所のコンビニに強盗が押し入っている。

まみれる

汚いものが一面にくっついてよごれる

全国大会で優勝し、汗と涙に**まみれて**選手達の顔はぐちゃぐちゃだった。

世相

世間のありさま

昨日行った美術館では、今年の**世相**を反映させた絵画が展示されており、一年間を振り返ることができた。

重要文法

～ずくめ
～일색, 투성이

「～ばかりである」「～だけである」ということを表す。

- 怪しそうな黒**ずくめ**の男たちがビルの前をうろうろしていた。
- 日本に留学したり、能力試験に合格したりと、今年はいいこと**ずくめ**の一年だった。

～にたえない／～にたえる
～할 가치가 없다/～할 만하다

「～する価値がない／ある」という意味の他に、「～たえない」には、「あまりにひどくて～できない」という意味もある。

- あの人は暇さえあればいつも人の悪口ばかりを言っていて、本当に聞く**にたえない**。
- 彼の小説はオリジナリティーに溢れ、読む**にたえる**作品である。

～まじき
～로서 해서는 안 된다, ～있어서는 안 된다

「～してはならない」ということを表す。古語的な表現。

- 国民の生活状態を無視した政策を進めるとは、首相にある**まじき**行為である。
- 幼い命をむやみに奪ってしまう犯罪は、許す**まじき**ものである。

～極まる／極まりない
～하기 짝이 없다

「～極まる」は「これ以上～ない」、「～極まりない」は「限りなく～だ」という意味を表し、どちらもとてつもなく大きいことを表す。

- コンクールの金賞受賞者は、壇上(だんじょう)で感**極まって**泣き出した。
- 夜中に、大音量の音楽をかけながら、歌を歌うなんて、迷惑**極まりない**。

日本の名言

会話

<ヨンハが日本を旅行中に駅で> CD2・21

ヨンハ すみません、ちょっとお尋ねしたいのですが。

駅長 はい、どうしましたか。

ヨンハ JRは国が運営しているわけではないのに、どうしてJRと私鉄のような区別があるんですか。

駅長 その昔、JRは国鉄と呼ばれて、国が保有する会社だったんですよ。

ヨンハ あー、国鉄と私鉄！ そういう対比だったんですね。

駅長 そうそう。国鉄時代っていえば、ずいぶん前の話だけど、その頃にも民間から総裁になった人もいましたね、えーっと…… 石田禮助っていう人。なかなかかっこいいことを言う人だったなぁ。

ヨンハ え？ どんなことを言ったんですか。

駅長 「粗にして野だが卑ではない」、だったかな？

ヨンハ どういう意味ですか。(よく聞き取れず)「ソニシテヤダカ」？

駅長 君、若いんだから、自分で調べなよ。もう１回言うから、メモでもしなよ。

ヨンハ は、はい！

駅長 石田禮助で、「粗にして野だが卑ではない」。

タスク

自分にとっての「今年(または去年)の漢字」を考えて、紙に大きく書いてみましょう。その漢字の持つ意味、その漢字を選んだ理由などの説明を文章にまとめ、発表しましょう。

ウォームアップ

人間には善い人もいれば、悪い人も存在すると言われますが、それはどのような人で、どのようなことを基準に決められるのでしょうか。

読む前に

① 平蔵の職業は何ですか。

②『鬼平犯科帳』の魅力は何ですか。二つ挙げなさい。

③ 平蔵は悪人をどのように思っていますか。

池波正太郎（1923～1990）

戦後を代表する時代小説・歴史小説作家。代表作は『鬼平犯科帳』『剣客商売』など。

17

文学

善と悪との共存

人間とは、妙な生きものよ。悪いことをしながら善いことをし、善いことをしながら悪事をはたらく…

―長谷川平蔵（『鬼平犯科帳』より）―

説明

人間とはつくづく、不思議な生き物である。悪いことをしながら善いことをしたり、善いことをしながら悪いことをしたりするのだから。

文学　善と悪との共存

CD2・23

● **火付盗賊改**
江戸時代に、放火や強盗、賭け事を取り締まった役職。

江戸時代、町の治安維持のために「火付盗賊改」という特別警察が組織されていた。その組織の長官だったのが、長谷川平蔵である。作家・池波正太郎の『鬼平犯科帳』という作品は、江戸の町に暗躍する盗賊たちとこの平蔵の活躍を描いた時代小説である。

数多くの部下を率い、冷静な判断力と大胆な行動力を発揮して、次々と事件を解決してゆく。恐ろしいほど剣の腕が立つ一方で、素朴な人情味を持った男。現代のサラリーマン読者がしばしば「理想の上司像」として平蔵の名を挙げるほど、彼の人気は高い。

平蔵は、生まれつきの正義漢というわけではなかった。若い頃は放蕩無頼の生活を送っていて、この放蕩生活のなかで、盗賊のような闇社会の住人たちとも親しく付き合っていたのである。しかし、こうして若い頃に「悪」の世界を知っていたことが、後に「悪」を取り締まる立場に身を投じてから大いに役立った。「蛇の道は蛇」、つまり同類のすることはすべてお見通しというわけである。

平蔵の活躍によって、江戸の盗賊たちは次々と捕まっていく。盗賊たちは平蔵を「鬼平(鬼の平蔵)」と呼んで大いに恐れた。盗みのためには人殺しも厭わないような極悪非道の輩に対して、平蔵は「鬼」となって立ち向かう。しかし一方で、弱い者に対しては「仏」のごとく親切な男でもあった。

ところで、『鬼平犯科帳』にはもう一つ大きな魅力がある。この作品に悪役として登場する盗賊**ときたら**、「もう一人の主人公」と呼びたくなるほどの、愛すべき人物ばかりなのである。些細な悪事を隠そうとして新たに罪を重ねてゆき、ずるずると転落の一途をたどった者。貧しい生活、不幸な境遇からやむを得ず盗みに手を染めてしまった者。盗人にも様々な人物がいて、たとえ罪人であっても、忠義に厚くどこか見所のある盗賊に対しては、平蔵は「これ**を限りに**悪事から足を洗って自分の味方になるように」と諭(さと)すのであった。かつて悪から善へ、放蕩から正義へと自らの人生を大きく転化させた平蔵は、彼ら盗賊たちもまた道を改めて出直すことができると信じているのだ。

善から悪へ、悪から善へとたやすく変化してしまう人間を、平蔵は「妙な生き物」と呼ぶ。人間の内(うち)には「善」と「悪」が共存していて、善人もなりゆき**次第**では悪事に手を染めるかも知れないし、悪人にだってなにがしかの善良さが宿っていないとも限らない。そういう、極めて不安定で矛盾(むじゅん)した存在であることこそが、「妙な生き物」としての人間の人間らしさである。これは、作者である池波の一貫した人間観だ。

私たちは、自分で思うほど善良ではなく、また自分で思うほど性悪(しょうわる)でもないのかも知れない。もちろん、だからといって善悪の分別(ふんべつ)をつけなくて良いというわけではない。むしろ、私たちがつねに善人でも悪人でもあり**得る**からこそ、平蔵のように「鬼」となってでも、悪を懲(こ)らしめ、善を勧める心構えを崩してはならないのである。

名言の出典：池波正太郎『鬼平犯科帳』「明神の次郎吉(みょうじんのじろきち)」より 文春文庫(ぶんしゅんぶんこ)

読解チェック

Q1 本文の内容にふさわしくないものはどれですか。

1　平蔵は、若い頃の悪友には協力的で、彼らの罪を見逃していた。
2　平蔵は「理想の上司像」として現代のサラリーマン読者に人気が高い。
3　平蔵の若い頃の放蕩生活は、後の警察としての仕事に生かされることとなった。
4　平蔵は、恐ろしく厳しい面を持つ一方で、非常に優しい人物でもある。

Q2 平蔵が人間を「妙な生き物」と呼ぶ理由は何ですか。

Q3 平蔵が悪人を懲らしめるだけではなく、悪事から足を洗うよう諭すのはなぜか。正しいものを選びなさい。

1　悪人が仲間になれば自分の利益が増えるから。
2　善人になれば、もっと裕福な生活ができると思うから。
3　たとえ善人でも、一度悪事を働いてしまうと、二度と善い人間に戻れないから。
4　たとえ罪を犯した人でも、善人として人生を再出発することができると信じているから。

語彙・表現ボックス

日本の名言

- 盗賊とうぞく　도적
- 暗躍あんやくする　비밀리에 활동하다
- 腕うでが立たつ　수완이 있다
- 素朴そぼく　소박함
- 人情味にんじょうみ　인정미
- 名なを挙あげる　이름을 들다
- ～漢かん　남자를 나타내는 말
- 放蕩無頼ほうとうぶらい　허랑방탕
- 闇社会やみしゃかい　어둠의 세계, 암흑 세계
- 付き合うつきあう　사귀다, 교제하다
- 取り締まるとりしまる　단속하다, 관리하다
- 同類どうるい　동류
- お見通みとおし　예측, 간파
- 次々つぎつぎと　차례차례로
- 人殺ひとごろし　살인자
- 厭いとう　싫어하다, 꺼리다
- 極悪非道ごくあくひどう　극악무도
- 輩やから　무리, 패거리
- 些細ささい　사소함
- 悪事あくじ　나쁜 짓, 악행
- ずるずると　질질 끌리는 모양
- 転落てんらく　전락
- 一途いっとをたどる　일로(오직 한 방향)를 걷다
- やむを得えず　어쩔 수 없이
- 手てを染そめる　손을 대다, 관계하다
- 盗人ぬすっと　도둑
- 忠義ちゅうぎ　충의, 충성
- 見所みどころ　볼만한 곳, 장래성
- 足あしを洗あらう　손을 씻다, 그만두다
- 諭さとす　타이르다, 깨우치다
- かつて　이전에, 옛날에
- 転化てんか　변환, 변화
- 道みちを改あらためる　길을 바꾸다, 새로운 삶을 살다
- 出直でなおす　다시 시작하다
- なりゆき　되어가는 형편, 추세
- なにがしか　얼마간인가, 아무개인가
- 善良ぜんりょうさ　선량함
- 性悪しょうわる　성품이 좋지 않음
- 分別ふんべつをつける　분별하다
- 懲こらしめる　벌주다, 응징하다
- 心構こころがまえ　마음의 준비, 각오

日本の名言

語彙・表現を深める

腕が立つ
腕前・技術がすぐれている
友達のお兄さんは**腕が立つ**医者という評判があり、とても人気がある。

名を挙げる
世の中に、その人の良い評判が知れ渡る／有名になる
その小説家が**名を挙げる**きっかけとなったのは、大賞を受賞したことだった。

放蕩無頼
酒や女遊びにふけったり、仕事に就かず無法な行いをすること
仕事をやめて、**放蕩無頼**な生活を送ることは、夢見るくらいがちょうどいい。

お見通し
「見通す」は、遠くを見渡すこと、真実を見抜くこと。「お見通し」は、隠れた秘密や未来を見抜くことができるという意味の慣用表現。
母には嘘をつくことができない。どういうわけか、全て**お見通し**とばかりに、嘘をついていることを見破るのだ。

極悪非道
この上なく悪質で、道理や人情にはずれていること
インターネットの掲示板に嘘の情報を書き込む、**極悪非道**な人たちをなんとかしてほしい。

一途
ただ一つの方向
今年の1月から3月にかけて、インフルエンザの患者は増加の**一途**をたどった。

やむを得ず
しかたなく／不本意ながら
(電車のアナウンスで…)**やむを得ず**急停車することがありますので、つり革、手すりなどにお持ち下さい。

手を染める
あることを始める／関わりをもつ
不正に**手を染める**企業が時々ニュースで取り上げられているのを見る。

見所
見るべき価値のあるところ／将来の可能性といえる部分
面接官を長くやっていると、志願者に**見所**があるかをすぐに判断できるようになってくる。

道を改める
悪いことをやめ、正当な生き方をするように変わる
そろそろ就職の準備をする時期だし、**道を改めて**真面目になろうかな。

なりゆき
物事の変化や進行の過程
宣伝は十分したのだから、あとは**なりゆき**にまかせて、売り上げの動向をみていこう。

なにがしか
何か
図書館に行けば、**なにがしか**の資料が手に入るだろう。

性悪
性質が悪いようす
うちの子供はいたずら好きで、この先**性悪**にならなければいいと思うが…。

心構え
何かをする前の心の準備のこと
留学する時の**心構え**として何が考えられますか。

重要文法

～ときたら ～로 말할 것 같으면, ～는

「～を取り上げて言うと」「とくに～の場合には」の意味。

- 最近の母**ときたら**、ダイエットのために、食事に気をつけたり、ジムに行ったりしている。
- 弟**ときたら**、いつも僕のゲームを勝手に使って片付けない。本当に頭にくる。

～を限りに ～로, ～을 끝으로

「～を最後として終わる」ことを表す。「～限りで」ともいう。

- この会合**を限りに**、斉藤さんは会長の職を辞することになりました。
- パーティーの申し込みは、明日**を限りに**締め切らせていただきます。

～次第 ～하는 대로, ～되는 대로

「～」によって物事が決まったり、左右されたりすることを表す。

- 体育祭が開催されるかどうかは、明日の天気**次第**である。
- 調査結果**次第**で、今後の研究計画と方法が変わってくるだろう。

～得る／得ない ～할 수 있다/～할 수 없다

「～する可能性がある／ない」「～することができる／できない」ということを表す。「得る」の読み方は、「える」と「うる」の両方がある。(「うる」の方が古い言い方)

- 君の言うようなことも考え**得る**と思うが、やはり事実関係を確認したほうが良いと思います。
- 宇宙人を見たなんて、全くあり**得ない**話だよ。

日本の名言

会話

＜授業の後に教室で＞ CD2・24

拓哉　お前、最近授業中眠そうだな。調子悪いのか？

ヨンハ　いや、そういうわけじゃなくて、実は、最近これにはまってるんですよ。

拓哉　なにこれ。

ジウ　え、何、拓哉、『鬼平犯科帳(おにへいはんかちょう)』も知らないの。

拓哉　おにへー……？

ジウ　『鬼平犯科帳』。池波正太郎の大ヒット作でしょ。私のお父さんも大ファンだよ。

拓哉　へぇー。池波正太郎ね。ヨンハはこういう渋いのが好きなのか。

ヨンハ　はい。若いころは不良だった主人公が、改心(かいしん)して警察のリーダーになって、罪を犯した人を自分と同じように更生(こうせい)させる話なんですよ。鬼平っていう主人公がカッコイイんです。

ジウ　そうそう。お父さんがよく私に聞かせる主人公の台詞(せりふ)に、人間は「悪いことをしながら善いことをし、善いことをしながら悪事をはたらく…」というのがあるんだけど、お父さんは、これを前向きに「悪さをしていた人でも何かのきっかけで善良な生き方に転向できる」って、解釈してるって言ってた。

拓哉　なるほどねー、時代劇ものもなかなか奥が深いな。ヨンハ、これ借りてくなー。

ヨンハ　ちょ、ちょっと！ 待ってくださいよ。まだ途中までしか読んでないのに…。

タスク

長谷川平蔵は「理想の上司」としてその名があがるほど、尊敬されている。あなたは、どんな人を尊敬しますか。実在する人物でも物語上のキャラクターでも構わないので、その人物の特徴と、尊敬する理由を説明してみましょう。

ウォームアップ

名言とその簡単な日本語の説明を読んでみましょう。どんな意味なのか自由に考えてみましょう。考えた意味を韓国語で書いてみましょう。

読む前に

この本文は、作家の夏目漱石・小説『虞美人草（ぐびじんそう）』・言葉の生まれた状況の三つを中心に書かれています。それを踏まえ、以下のことに注目して読んでみましょう。

① 夏目漱石はどうして東京大学をやめて朝日新聞に入社したのですか。理由を二つ挙げましょう。

(　　　　　　　　　　　　　　　　　　　　　)

(　　　　　　　　　　　　　　　　　　　　　)

② 哲学青年である甲野はこの言葉でどんな自分を表現していますか。

(　　　　　　　　　　　　)自分を表現している。

夏目漱石（1867〜1916）

明治・大正時代に活躍した国民的小説家。主な作品は、『我輩は猫である』『こゝろ』など。

文学

夏目漱石の哲学観

まずくって中らない形容は哲学である。

説明

哲学というのは、表現が下手で、しかも本質をついていない形容のようなものだ。

18

文学 夏目漱石の哲学観

CD2・26

夏目漱石(なつめそうせき)は、日本の明治生まれの作家です。少し前まで千円札に顔が載っていたほどで、「日本で一番有名な作家を挙げよ」と言われれば、多くの日本人が彼の名を挙げることでしょう。

漱石は東京大学で英文学を講(こう)ずるかたわら、意欲的な創作活動を続けていました。その彼が突如、東京大学を辞めて朝日(あさひ)新聞に入社し、新聞作家としての人生をスタートしたことは、世間をあっと驚かせました。

東京大学と言えば今でも最高レベルの立派な大学です。しかも当時は、大学の数も教員も今より格段に少なく、教授の地位の高さ**といったらなかった**のですが、それでも漱石が転職を決意したのは、新聞社の破格(はかく)の待遇で充分な生活の糧(かて)が得られるからという理由もあったでしょう。しかしそれ以上に、小説家としての仕事に専念できることが最大の魅力であったからに違いありません。結果として文芸の分野に彼のような第一級の才能が得られたことは、日本文学にとってとても幸せなことでした。

この言葉は、彼の「朝日新聞」初の連載小説『虞美人草(ぐびじんそう)』の中に出てきます。ここで、作品のヒロイン藤尾(ふじお)と彼女に思いを寄せる宗近(むねちか)、そして藤尾の兄の甲野(こうの)が万国博覧会(ばんこくはくらんかい)の夜に話をしています。藤尾はこの時代の女性にはめずらしく、自分の思いをはっきりと言い、家長(かちょう)である兄の意向や世間的な習わしを拒絶する意志の強さをもっています。そのためこの小説の読者のあいだで「新しい女」だと評判になり、強い人気を集めるようになりました。もっとも、漱石はこの女を気に入らず、小説の中では最後に殺してしまうのですが。

ここで宗近が、万博(ばんぱく)に出ていた建物をさして、「竜宮(りゅうぐう)」のような建物だと言います。それから、うまく表現できたでしょうといった調

● **朝日新聞**
昔から日本でよく読まれている新聞の1つ。

● **万国博覧会(万博)**
世界各国が文化と産業の成果を展示する国際的な大会。ここで「万博」というのは、正確には「東京勧業博覧会」のこと。

● **竜宮**
日本の昔話『浦島太郎(うらしまたろう)』に出てくる海底(かいてい)の宮殿(きゅうでん)。『浦島太郎』についてはコラムを参照。

子で、藤尾に同意を求めると、「俗じゃありませんか」とばかりに突っぱねられてしまいます。うまく中る形容は俗だと言うのです。宗近が不満げに「中らなければ何になるんだ」と問うと、藤尾が「詩になるでしょう」と答える。そして、「まずくって中らない形容は哲学になる」と、甲野の目が語ります。

まずい表現である**うえに**、適切に言い当てていないような言葉は、誰にも理解されない**ばかりか**、世間から冷笑すらされることでしょう。甲野**からすれば**、それが哲学なのです。哲学青年である甲野が「まずくって中らない形容が哲学だ」というのは、真理を愛しながらもそれを他者と共有できていない、孤独な自分を揶揄する悲痛な言葉でもあるのです。この短い一文に、近代化する日本の苦悩を一身に引き受けた漱石自身のさまざまな実感が込められているように思えます。

名言の出典：夏目漱石『虞美人草』新潮文庫

● **中る**
「当たる」の古い字。

読解チェック

Q1 「藤尾」が「新しい女」と見られる根拠となるものには○を、そうではないものには×をつけなさい。

1 (　　) 兄の意見には同意するところ。

2 (　　) 奇抜な考えを持っていること。

3 (　　) 宗近に対して、自分の意見をはっきり言ったところ。

4 (　　) 一般的な習慣に対して拒絶しようとする姿勢。

Q2 ❶～❸が指すものと、発言した人を記入しなさい。

	指すもの	発言した人
❶ うまく中る形容		
❷ うまく中らない形容		
❸ まずくって中らない形容		

Q3 「まずくって中らない形容は哲学だ」には、夏目漱石のどんな気持ちが表われていると筆者は考えているか。最も適当なものを一つ選びなさい。

1 正確に物事を形容できないことばは良くない、という気持ちが込められている。

2 日本が近代化していく中で抱えた大きな悩みを一身に引き受けてしまったという気持ちが込められている。

3 哲学は物事の真理を考察するのに最も適した学問であるという実感が込められている。

4 的確に形容できていない表現のほうが、俗で良いと思う気持ちが込められている。

語彙・表現ボックス

日本の名言

中あたる	맞다, 적중하다
形容けいよう	형용
英文学えいぶんがく	영문학
講こうずる	강의하다
意欲いよく	의욕
突如とつじょ	갑자기, 별안간
あっと驚おどろく	깜짝 놀라다
格段かくだんに	현격하게
転職てんしょく	전직
破格はかく	파격
待遇たいぐう	대우
糧かて	양식
専念せんねんする	전념하다
最大さいだい	최대
才能さいのう	재능
連載れんさい	연재
思おもいを寄よせる	마음을 보내다, 사모하다
万国博覧会ばんこくはくらんかい	만국박람회
家長かちょう	가장
意向いこう	의향
習ならわし	습관, 풍습, 관례
拒絶きょぜつする	거절하다
同意どうい	동의
俗ぞく	세속, 세상
突つっぱねる	퇴짜놓다, 강하게 거절하다
不満ふまんげに	불만스러운듯이
冷笑れいしょう	냉소
共有きょうゆうする	공유하다
孤独こどく	고독함
一身いっしんに引き受けるひきうける	자기 혼자서 떠맡다

日本の名言

語彙・表現を深める

中る
物や人が接触する・的中する(現在は「当たる」を使うのが一般的)
縁日で、射的に挑戦し、最後の一発でやっと的に**中った**。

講ずる
講義をする
学園祭で有名な教授が**講じた**話は、僕にはよく分からなかった。

あっと驚く
息をのむほど驚く
普段遊んでばかりいる彼女が、簡単に一流大学に合格したことに、周りの人たちは**あっと驚いた**のだった。

格段に
前と比べ物にならないくらい
一生懸命勉強したかいがあって、昨年に比べて日本語の力が**格段に**上がりました。

糧
食料／心身の活力の源
生きるための**糧**とは、お金だけではなく、家族の笑顔もそうだろう。

思いを寄せる
自分の気持ちを向ける
昨晩、**思いを寄せる**女性への手紙を書いていて、徹夜してしまった。

俗
世間一般(↔聖)
物事の真理を突き詰めるほど、**俗**世間から遠ざかっていくような気がする。

突っぱねる
強く拒絶する
人の意見を何もかも**突っぱねて**しまえば、誰からも相手にされなくなるだろう。

日本の名言

重要文法

～といったらない 너무나 ~하다, ~하기 이를 데 없다

「ことばに表せないほど、～だ」という意味で、感情やものの様子を表す。話し言葉では、「～ったらない／～ったらありゃしない」と使う。また、「ない」が省略されることもある。

- 寒い外から帰ってきた後に入る風呂の心地良さ**といったらない**。
- あの解説者の話の退屈さ**といったらない**。
- 凍った道で滑ってしまった。恥ずかしい**ったらありゃしない**。

～うえに…／～うえ… ~한데다가…

「～に加えて、さらに…」ということを表す。

- 恋人に振られた**うえに**、車を盗まれてしまうなんて、本当に僕は不幸者だ。
- 連休の初日であった**うえ**、人気アイドルのイベントが行われていたので、駅前は人であふれ返っていた。

～ばかりか… ~뿐만 아니라 …

「～だけでなく、その上…も」ということを表す。

- 彼女は英語**ばかりか**、ドイツ語と中国語も話せます。
- 佐藤さんは、化学の研究で認められている**ばかりか**、小説家としても有名です。

～からすれば… ~로 보아 …, ~의 입장에서 보면 …

「～の立場／視点／根拠から見て、…と考える」のように、「～」からの見方を示す。

- 私**からすれば**、どちらの言い分も矛盾している。
- この地域の慣習**からすれば**、そろそろ冬支度をする頃だ。

日本の名言

会話

＜食堂で小説を書いているジウのところへヨンハが＞ CD2・27

ヨンハ　最近、小説を書いてるって、彩から聞きましたよ。

ジウ　うん、そうだよ。ほんとは、最近だけじゃなくて、中学生くらいから書いてた。

ヨンハ　どんな内容なんですか。

ジウ　大学生が４人いて、タクミとアヤコとヨンジャと……。

ヨンハ　え！ それって、僕たちがモデルみたいじゃないですか。

ジウ　あたり！ でも、俗っぽくなっちゃって……。本当はもっと幻想的(げんそうてき)な流れにしたいんだけど。

ヨンハ　幻想的って……。それはそれで面白そうですね。僕たちが幻想的になるなんて。でも、俗なものと幻想的なものが両方入っている作品を書くのは難しいでしょう？

ジウ　そう。書くほうも難しいし、やっぱり小説は読む人がいて完成するものだから、読む人に理解されるものじゃないといけないと思ってる。

ヨンハ　表現が下手くそで、人に理解されないものでは小説にならないですね。夏目漱石は執筆(しっぴつ)の話ではないけれど、そんなことを哲学にたとえていましたよ。「まずくって中(あた)らないものは哲学だ」って。

ジウ　へー、なるほど。何かを表現するときは、そのことに注意しないといけないね。

タスク

これまでに読んだ小説の中で「心に残った言葉」はありますか。それを紹介する文章を書いてみましょう。対象とする小説は日本語のものでも、韓国語のものでも構いません。以下の要素を盛り込んで文章を書きましょう。

① あらすじや登場人物　② その言葉が発せられた場面

③ どうしてその言葉が心に残ったのか

コラム

日本の昔話

「昔話」というと、両親や祖父母が子供たちに聞かせる話を想像します。今でこそ、昔話は書籍として販売されていますが、かつては親から子へ口頭で伝承されていくものでした。もとをたどれば、『御伽草子』といった古典文学やそれぞれの地方の伝説などに至ります。これらの物語の中には、言い伝えられるにつれて次第に話の内容が変化していったものもあります。したがって、地方によっては話が一部違う、ということもよくあります。

以下に、日本では誰もが知っている典型的な日本の昔話を２つ紹介します。自分の国のよく知られている昔話を思い出して、それと比較してみるのもいいでしょう。

桃太郎

ある日、お婆さんが川で洗濯をしていると、大きな桃が流れて来ました。お爺さんのいる家へ持ち帰り、その桃を割ると中から男の子が生まれました。そこで、「桃太郎」と名付けて育てることにしました。

成長した桃太郎は、人々を苦しめている鬼の存在を知り、鬼退治を決意します。両親から黍団子をもらい、途中でイヌ・サル・キジを家来にします。鬼ヶ島で鬼と戦い、みごとに勝利し、鬼が人々から奪った財宝を持ち帰り、お爺さん・お婆さんと幸せに暮らしました。

浦島太郎

浦島太郎という漁師がいました。彼はある日海岸で、子供達が亀をいじめている所に出くわしました。彼がその亀を助けたところ、亀はお礼に海の底にある竜宮城に連れて行ってくれるといいました。

浦島太郎は、亀にまたがり、竜宮城へ行きました。竜宮城には乙姫というきれいな女性がいて、彼を歓待してくれました。しばらくして彼は帰ろうとしますが、乙姫は引き止めます。なんとか帰ることになった時、「玉手箱」という箱を渡し、「決してあけてはならない」と言いました。

彼が再び浜に帰ると、知っている人が誰もいませんでした。おかしいと思いつつ、もらった玉手箱を開けると、中から煙が出てきました。その煙を浴びたら、なんと老人になってしまったのでした。竜宮城で彼が過ごした日々は数日でしたが、地上では数百年も経っていたのでした。

付録

・読む前に・読解チェック 解答

・索引

付録 読む前に・読解チェック 解答

1. 小さくてもかけがえのない花

-コブクロ

読む前に

① ・繊細かつ力強い二人の歌声のハーモニー
・時に悩み、苦しみながらも懸命に生きようとする人々の日常の風景や心情を表現した歌詞

② 出口の見えない閉塞状況から抜け出せないような時代

③ 咲く・Love(愛)・桜[さくラブ]

読解チェック

Q1 最も親しみの深い花

Q2 ③

Q3 ① ×　② ○　③ ×　④ ×

2. 国境を越える音楽 -小澤征爾

読む前に

① ・フランスのブザンソンで開かれた指揮者コンクールで優勝した。
・西洋音楽の総本山でもあるウィーン国立歌劇場の音楽監督に就任する。

② 国や文化を超えて人の心に働きかけることのできる力

読解チェック

Q1 ・日本で生活する中で西洋音楽に感銘を受けるのも珍しいことではないこと
・チロルの教会で西洋の音楽が東洋人である小澤の心を打ったこと

Q2 (1) ① 人の心を打つ　② 東洋人
③ 西洋人　④ 同じ
⑤ 異なる／異なっている
⑥ 作曲者　⑦ 伝わって
(2) 日本の音楽家が海外で活躍するようになったから。

Q3 ④

3. 社会のために学び、そして行動することのすすめ

-福沢諭吉

読む前に

① ・封建的な身分制度の終わり
・民主主義の到来

② 「このままでは日本が西洋に飲み込まれてしまう」という危機感を抱き、「日本が独立を保つためには、まず民衆の一人一人が独立の気概を持って、労を惜しまず、その人なりに精一杯学問に励まなければならない」と考えたから。

③ ・本を読むだけが学問ではない。ものごとを知るだけではなく、知ったことを実際に行うのが真の学問である。
・学問も工業も、政治も法律も、みな『人間交際』のためにある。

読解チェック

Q1 ① 権利　② 差　③ 学ぶ者　④ 学ばない者

Q2 「実利に結びつかない学問も重要であることは言うまでもなく、福沢もそれらを軽んじたわけではない」→ 실리와 연결되지 않는 학문도 중요하다는 것은 말할 것도 없고, 후쿠자와도 그것들을 가볍게 여기지 않았다.

Q3 ものごとを知ることにとどまらず、知ったことを実際に行うこと

4. 「豊かな時代」への第一歩― ―高度成長時代の幕開け -経済白書

読む前に

① 昭和20年代：戦争末期の空襲で主要都市はことごとく焦土と化し、農業も工業も生産力を失ってしまったため、終戦後も数年間にわたって国民は飢えに苦しまねばならなかった。

② 昭和30年代：空前の好景気が訪れて、工業生産高や国民所得は戦前を大きく上回る水準に達した。／国民の暮らしは急速に豊かになり、増加した家計収入は新しく登場した家電製品の購入に当てられるようになった。

読解チェック

Q1 ①

Q2 ③

Q3 住宅問題の解決が遅れていることや、復興の背後に取り残された900万人以上の貧困層が存在すること。

5. 「純粋な心」と「協力」が生み出す最高のエネルギー -鳥山明

読む前に

① 元気玉

② 実は元気というのは、人の「内側」にあるというより、人々の「間」にあるものなのかも知れない

③ 人々はバラバラで思い思いの方向に「元気」を空回りさせている

読解チェック

Q1 (1) 生きとし生けるものの元気

(2) 特別に選ばれた人

(3) ① 常人には耐えられないほど厳しい鍛錬を積んだこと

② 邪な心を一片たりとも持たないこと

Q2 ①調和　②環境問題　③元気　④「生きとし生けるもの」　⑤力を合わせ

Q3 ②

6. 揺るぎない自信が奇跡を「起こす」 -葛城ミサト

読む前に

① エヴァのパイロットの、「これで上手くいったら、まさに奇跡ね」という言葉に対して返した言葉。

② (事態が急迫していたこと)を示すとともに、(自分達には奇跡を「起こす」だけの力があるという揺るぎない自信を抱いていたこと)を現している。

③ ・他のアニメ、漫画、音楽といった領域／サブカルチャーの領域
・日本の現代文化や現代社会を考察する領域

読解チェック

Q1 ① ○　② ×　③ ○　④ ×

Q2 エヴァが(衝撃に耐えられる保証が全くない)し、(落下地点すら範囲が広すぎて特定できない)ため、パイロットは、(使徒を受け止めることができた／作戦が成功した)ら、奇跡であると思ったから。

Q3 機動戦士ガンダム：作品の続編や多くの資料を使って「ガンダム」の「世界観」を精密に作り上げることに熱中する。
新世紀エヴァンゲリオン：登場人物の「設定」に熱中する。

7. 理想郷からの愛のメッセージ

–宮沢賢治

読む前に

① 農学・科学・哲学・芸術
② 物語を貫く自己犠牲の精神や倫理的な問いかけ／「異者」との交わり
③ そこでは、農民たちと自然からの異者たちが共存している。

読解チェック

Q1 ①「自分の豊かな生活は、貧しい人々から搾取した富に支えられているのではないか」と思い悩んだこと。
② 仏教徒としての使命感があったこと。
Q2 ① ×　② ○　③ ○
Q3 ④

8. 前を向いて夢を追い続けた男

–寺山修司

読む前に

① 演劇・映画・短歌・詩・評論・エッセーなど
② 1972年に地方競馬でデビューしてから６連勝し、中央競馬入りをした。1974年12月15日の引退までの獲得賞金は、日本競馬史上初めて２億円を突破した。
③ つねに前向きでいることを学んだ。

読解チェック

Q1 多方面で注目に値する作品を生み出し、いずれの分野にも計り知れない影響を与えたことから。
Q2 ・ボクシング：(ジムに通っていたこと。／ボクシングへの熱い思いが、『あしたのジョー』の主題歌に表れていること。)
・競馬：(馬主にならずにはいられなかったこと。)
Q3 ① ×　② ○　③ ○　④ ×
Q4 ①

9. 現場と幹部との意識の差

–青島刑事

読む前に

① 警察組織内部のなわばり争いを無線越しに聞いたとき。
② 絶対的な正義／内部に様々な対立や矛盾を抱えた人間組織
③「手段」の形式的な正しさにこだわり過ぎて「目的」を達成できずに終わること。

読解チェック

Q1 ③
Q2 警察組織の中央に位置する警視庁と現場に従事する警察署の対立を示している。
Q3

これまでの一般的な刑事ドラマ
絶対的な正義である警察が、いかにして難事件を解決するかに焦点を当てたもの。

『踊る大捜査線』
警察組織内部の対立や実情が描かれているもの。

10. 「死」に学ぶ人生の意味 -黒澤明

読む前に

① いかにも殺伐としていて、無意味で、人間的な豊かさからは程遠い人生。
② 自らの日常の仕事を通じて、何かこの世に残すべきものを作り上げること。
③ 市民が憩う「公園」を作ること／公園の建設

読解チェック

Q1 ① ○　② ○　③ ×　④ ○
Q2 内向きに閉ざされていた人生が、初めて彼を取り囲む人々に向けて、つまり「公」に向けて開かれるようになった。
Q3 ① 限界状況　② K.ヤスパース　③ 内省　④ 公的　⑤ 活動

11. 「新しい生活」を生み出した、積極果敢の精神 -盛田昭夫

読む前に

① 海軍技術中尉となった後に、井深大とともに東京通信工業株式会社を設立し、トランジスタやウォークマンを開発した。
② 「音楽」は、コンサートホールや飲食店、または部屋の中に据え置いたプレーヤーで楽しむものである、という固定観念を打ち壊した。
③ 直接商談に乗り込む。／リスクがあっても自分が正しいと思ったことは即座に実行する。

読解チェック

Q1 ③
Q2 ・手法：盛田自身が渡米し、直接商談に乗り込む。
・理由：商品を説明するには、それを開発した技術者に勝る者はいないから。
Q3 ③

12. 人間の持ち味を生かした経営 -松下幸之助

読む前に

① 小学校を4年で中退し、9歳のとき丁稚奉公に出た。23歳のとき、電球のソケットを開発する事業を起こした。
② 人間の持ち味を生かす。
③ 人を無理に同じにしてしまうもの。

読解チェック

Q1 ・横並びの人材では、現状は維持できても、常に成長を目指すことができないから。
・枠にはめず、それぞれの持ち味を生かしてこそ、新しい独創的な考えが生まれるから。
Q2 ④
Q3 ① 持ち味　② ゆとり教育　③ PHP研究所
Q4 ①・②

13. 勇気を与える魔法物語
-赤松健

読む前に

① 魔法冒険譚
② 「ささやかな勇気を持って自ら生きよ」／自分の力で前進すること

読解チェック

Q1 ① ○　② ○　③ ×
Q2 ① 万能　② 不幸　③ 困難　④ 魔法　⑤ 勇気　⑥ 自ら
Q3

作品名	内容
A·Iが止まらない！	主人公がパソコンで自ら作り出したA·Iの美少女と恋愛し、交流を深めていく物語
ラブひな	浪人生が、女子寮の管理人をすることになり、個性豊かな寮の住人達と徐々に親しくなっていく物語
魔法先生ネギま！	主人公が異国の女子中学校で魔法の修行をしつつ、幼い時に失踪してしまった偉大な父親を追いかけるという魔法冒険譚

14. 西洋と東洋の相互理解を目指して -岡倉天心

読む前に

① ・東洋の芸術に見向きもしない
・日本が平和な文芸にふけっていた間は、野蛮国と見なしていた
・軍事力でのみ国の価値をはかろうとする
② 西洋の価値観に追随し、西洋の模倣に汲々として自らの芸術の歴史を足蹴にしていた
③ 東洋に対する西洋の誤解を晴らし、両文化の相互理解の役に立つこと

読解チェック

Q1 ① ×　② ○　③ ○　④ ×
Q2 茶をめぐる一連の動作とそれを包み込む場のすべてを、作品として美しく仕立てる点。
Q3 ① 茶室　② 造り　③ 華道　④ 生け花
Q4 ④

15. 民衆のために全生涯を投じて闘う -田中正造

読む前に

① 農民を救うべく、議会で政府に対して銅山の操業停止などを求めた。
② 「民」を殺し、法を蔑ろにすれば、「国」は必ず滅びるということ。
③ 行動：正造は命がけで天皇への直訴を試みた
結果：途中で警官に取り押さえられ、直訴には失敗したが、それを伝える新聞の号外も配られ、直訴状の内容は広く世に知られることとなった。
④ 最後の運動費用調達の旅に出かけた途中で倒れて亡くなった。

読解チェック

Q1 渡良瀬川で大洪水があり、近くにあった足尾銅山の鉱毒が近隣地域に流れ出たこと。

Q2 ① 貯水池化　② 強制買収　③ 廃村
④ 法律　⑤ 河川地域
⑥ 村外 또는 北海道　⑦ 裁判

Q3 ②

16. 私心を捨てた改革者の信念 -石田禮助

読む前に

① パブリックサービスに身を投じること。
② 生き方：粗にして野／信念：卑ではない

読解チェック

Q1 ① 巧みな言葉や振る舞いで体裁をつくろうことはできないし、またしたいとも思わない。
② 私心を捨てて、逃げ出すことなく正々堂々と困難に立ち向かってゆく。

Q2 ②

Q3 ① 米国／アメリカ　②合理主義
③パブリックサービス／公共への奉仕
④パブリックサービス／公共への奉仕
⑤晩年の過ごし方

Q4 食品の品質偽装や官僚の汚職といった、人間にとってあるまじき「卑しさ」を見せつける事件が相次いだから。

17. 善と悪との共存 -池波正太郎

読む前に

① 火付盗賊改(ひつけとうぞくあらため)／特別警察
② ・盗みのためには人殺しも厭わないような極悪非道の輩に対しては、「鬼」となって立ち向かい、弱い者に対しては「仏」のごとく親切な男である平蔵が存在すること。
・悪役として登場する盗賊は、「もう一人の主人公」と呼びたくなるほどの、愛すべき人物ばかりということ。
③ なにがしかの善良さが宿っていないとも限らない

読解チェック

Q1 ①

Q2 人間は、「善人」にも「悪人」にもなりうる、極めて不安定で矛盾した存在であるから。

Q3 ④

18. 夏目漱石の哲学観 -夏目漱石

読む前に

① 新聞社の破格の待遇で充分な生活の糧が得られるから／小説家としての仕事に専念できるから
② (真理を愛しながらもそれを他者と共有できていない)自分を表現している。

読解チェック

Q1 ① ×　② ×　③ ○　④ ○

Q2 (1) 俗・藤尾　(2) 詩・藤尾
(3) 哲学・甲野

Q3 ②

付録 索引

あ

か

さ

た

索引

ま

や

ら・わ

わ

■ **집필자**

조남성(趙南星)

국제대학 일어일문학과 졸업
쓰쿠바(筑波)대학 지역연구연구과 졸업 (국제학석사)
쓰쿠바(筑波)대학 문예·언어연구과 박사과정 수료
도호쿠(東北)대학 (문학박사)
현)한밭대학교 일본어과 교수
전자우편 : chons@hanbat.ac.kr

김의영(金義泳)

덕성여자대학교 일어일문학과 졸업
한국외국어대학교 교육대학원 졸업 (교육학석사)
와세다(早稲田)대학 일본어교육연구과 졸업 (일본어교육학석사)
와세다(早稲田)대학 일본어교육연구과 박사과정 수료
현)쿄린(杏林)대학 외국어학부 출강
전자우편 : cara202@gmail.com

다나카 유스케(田中祐輔)

쓰쿠바(筑波)대학 제2학군 일본어 · 일본문화학류 졸업
현)와세다(早稲田)대학 일본어교육연구과 석사과정
전자우편 : y.tanakaoffice@gmail.com

이이즈카 토모코(飯塚知子)

쓰쿠바(筑波)대학 제2학군 일본어 · 일본문화학류 졸업
현)쓰쿠바(筑波)대학 문예 · 언어연구과 석사과정
전자우편 : 396tomozo@gmail.com

가와바타 유이치로(川端祐一郎)

문화(文化)복장학원 복식전문과정 복장과 졸업
쓰쿠바(筑波)대학 제1학군 사회학류 졸업
현)우편사업주식회사 근무
전자우편 : y.kawabata@khc.biglobe.ne.jp

■ **본문별 집필자**

村尾雄太	(株式会社横浜銀行)	1
清水晃	(TIVONAの会)	2
川端祐一郎	(郵便事業株式会社)	3,4,14
磯村史嘉	(早稲田大学法学部)	5
伊藤海彦	(筑波大学第一学群社会学類)	6,9
加治孝洋	(筑波大学第二学群生物学類)	7
畠山俊	(埼玉県立草加東高等学校)	8
今井宏一	(京都大学大学院法学研究科)	10
今井裕一	(創造学園大学附属高等学校)	11
寺脇研	(京都造形芸術大学)	12
平塚夏紀	(筑波大学大学院教育研究科)	13,18
佐原義雄	(神奈川県立麻生高校社会科教諭)	15
永田雄志	(東洋エンジニアリング株式会社)	16
松井秀和	(都内勤務会社員)	17

■ **「語彙・表現を深める」 작성 협력**

伊藤文　(筑波大学大学院人文社会科学研究科)
湯本かほり (筑波大学大学院人文社会科学研究科)

■ **이미지 · 구성 협력**

梁元碩　(筑波大学大学院人間総合科学研究科)
松本和晃 (法律事務所勤務)

■ **교재 시용(試用) 협력**

趙南星
岩田一成(広島市立大学国際学部)

스토리로 읽는 유명인의 **말 · 말 · 말**

메이겐 독해 일본어 2

지은이 조남성, 김의영, 田中祐輔, 飯塚知子, 川端祐一郎
펴낸이 정규도
펴낸곳 (주)다락원

초판 1쇄 발행 2008년 10월 25일
초판 4쇄 발행 2022년 9월 28일

편집국장 김현자
책임편집 송화록, 김은경
디자인 이수민, 오연주

다락원 경기도 파주시 문발로 211
내용문의: (02)736-2031 내선 460~465
구입문의: (02)736-2031 내선 250~252
Fax: (02)732-2037
출판등록 1977년 9월 16일 제406-2008-000007호

값 13,000원(교재+오디오 CD 2장)

ISBN 978-89-5995-407-0 18730
978-89-5995-403-2 (세트)

http://www.darakwon.co.kr

- 다락원 홈페이지를 방문하시면 상세한 출판 정보와 함께 동영상강좌, MP3 자료 등 다양한 어학 정보를 얻으실 수 있습니다.
- 다락원 홈페이지 자료실에서 **본문 · 회화 해석과 MP3 파일(무료)**을 다운로드 받으실 수 있습니다.
- 다락원 **Cyber 어학원** 내 〈일본어 공부방〉에서는 다양한 일본어 학습 코너가 제공되고 있습니다.